Stephen J. Rossetti

Tagebuch eines amerikanischen Exorzisten

Stephen J. Rossetti

TAGEBUCH EINES AMERIKANISCHEN EXORZISTEN

Besessenheit, Dämonen
und der Kampf gegen das Böse

media
maria

Originaltitel der englischen Ausgabe:
DIARY OF AN AMERICAN EXORCIST
Demons, Possessions, and the Modern-Day Battle against Ancient Evil
Stephen J. Rossetti
© 2021 by Sophia Institute Press, Manchester, NH

Die Bibelzitate stammen aus der revidierten Einheitsübersetzung
der Heiligen Schrift,
© Katholische Bibelanstalt GmbH, Stuttgart 2016.

TAGEBUCH EINES AMERIKANISCHEN EXORZISTEN
Dämonen, Besessenheit und der Kampf gegen das Böse
Stephen J. Rossetti
Übersetzung: Christian Heinritz
© Media Maria Verlag, Illertissen 2024
Alle Rechte vorbehalten
ISBN 978-3-947931-57-6
www.media-maria.de

Inhalt

Mein Gebet für euch

Möge die selige Jungfrau Maria ihren Schutzmantel über alle ausbreiten, die dieses Buch oder auch nur Teile davon lesen, ebenso über eure Lieben und euren Besitz. Mögen der Erzengel Michael und alle Engel einen schützenden Kreis um euch alle ziehen. Möge das Blut Christi euch reinigen von allem Bösen. Möge Jesu Licht durch euch so hell scheinen, dass es alles Dunkle vertreibt. Und ganz besonders bete ich darum, dass die Liebe, die Freude und der Friede Christi eure Herzen in dieser Welt und in der kommenden erfüllen möge. Amen.

Danksagung

Ich bin vielen Menschen zu Dank verpflichtet. Zunächst denke ich an die wunderbaren, gesegneten Mitglieder unseres Exorzisten-Teams. Sie sind sehr begabt, engagiert und glaubensstark. Für mich ist es eine Gnade, meinen Dienst an ihrer Seite tun zu dürfen. Auch unseren vielen Gebetskämpfern überall auf der Welt danke ich. Eure stillen Gebete und eure Hingabe sind so wichtig für den Erfolg unserer Arbeit.

Mein Dank geht auch an die Erzdiözese Washington für ihre weiterhin großzügige Unterstützung unseres Heilungsdienstes.

Ich bin dankbar für all unsere Spender, die unsere Arbeit möglich machen.

Einführung

Man hat mich schon oft gefragt, wie ich Exorzist wurde. Die Antwort ist ziemlich einfach: Die selige Jungfrau Maria hat mich dazu auserwählt.

Am Anfang meines Weges, als ich noch Seminarist war, stand ein intensives spirituelles Erlebnis. Eines Abends, als ich gerade zu Bett gegangen, jedoch noch nicht eingeschlafen war, wurde ich plötzlich von jemand Unsichtbarem angegriffen. Es war eine unglaublich heftige und schnelle Attacke. Dank einer begnadeten Eingebung wusste ich sofort, worum es ging. Es war Satan, der mich angriff. Und ich war auf dem besten Weg, überwältigt zu werden.

Mein Rosenkranz lag am Fußende meines Bettes auf einem Tisch. In dem Moment, als der Angriff begann, dachte ich sofort an ihn. Ich sprang aus dem Bett und griff nach dem Rosenkranz. Genau in dem Moment, als ich die Perlen berührte, hörte der Angriff auf. Ich legte mich dann wieder hin und schlief auch schnell ein.

In diesen zwei Sekunden habe ich ungefähr 80 Prozent von dem gelernt, was ein Exorzist wissen muss. Satan ist sehr mächtig und bewegt sich mit Lichtgeschwindigkeit. Engel und Dämonen legen Distanzen in Gedankenschnelle zurück. Für Satan bin ich kein ernst zu nehmender Gegner, selbst der kleinste Dämon ist exponentiell stärker als jedes menschliche Wesen. Die selige Jungfrau Maria vertreibt jedoch den Fürsten der Finsternis und sein Gefolge mühelos. Wenn ich mich an ihr festhalte, bin ich sicher, denn sie wird mich beschützen. Und wenn es vorbei ist, habe ich wieder meinen Frieden und kann ruhig schlafen.[1]

25 Jahre später wurde ich als Exorzist in der Erzdiözese eingesetzt. Seit mehr als 12 Jahren arbeite ich nun auf diesem Gebiet. Unser kleines Exorzisten-Team hat sehr viel zu tun. Wir erhalten jede Woche neue Anrufe, um die wir uns zusätzlich zu den Dutzenden laufenden Fällen kümmern. Somit gibt es viele Erfahrungen, die als Stoff für dieses »Tagebuch« brauchbar sind. Und wo auch immer ich hingehe – meinen Rosenkranz trage ich *immer* bei mir. Selbst im Schlaf habe ich ihn um meine linke Hand gewickelt.

Meine Tagebuch-Einträge sind keineswegs übertrieben. Die eine oder andere detaillierte Information zu einzelnen Personen wurde zum Schutz ihrer Identität geändert oder gestrichen. Bei allen Tagebuch-Einträgen handelt es sich jedoch um Tatsachenberichte, um echte tägliche Erfahrungen, die ich oder mein Team machen. Sie entsprechen der Wahrheit und werden ohne Beschönigung oder Übertreibung wiedergegeben. Ob Sie es glauben oder nicht: Es handelt sich dabei um Erfahrungen, die wir Exorzisten machen und über die wir uns austauschen. Wenn ich mit anderen Exorzisten aus dem In- und Ausland spreche, stelle ich fest, dass meine Erfahrungen den ihren sehr ähnlich sind. Es gibt

---

1 Weshalb bin ich so schnell eingeschlafen? Mein erster Gedanke war, dass ich müde war. Konkreter gesagt, bringen intensive spirituelle Erfahrungen oft eine besondere Gnade, sie zu verstehen und zu interpretieren, mit sich. Ich wusste genau, was geschehen war: Ich war von einem von Satans Dämonen angegriffen worden, und die selige Jungfrau Maria hat ihn vertrieben. Mir war bewusst, dass ich mich in den guten Händen einer liebenden Mutter befand. So schlief ich wie ein Kind in den Armen seiner Mutter.

ein gemeinsames Wissen über den Exorzismus, das stetig größer wird und auf unseren gemeinsamen Erfahrungen beruht.

Nach einer Reihe von Tagebuch-Einträgen habe ich jeweils »Theologische Betrachtungen« hinzugefügt. Sie dienen dazu, die theologischen Fakten und Gegebenheiten näher zu erläutern, die den Tagebuch-Einträgen zugrunde liegen. Diese Betrachtungen beinhalten oft Zitate aus der Heiligen Schrift sowie Einsichten der Kirchenväter oder anderer Theologen. Ich hoffe, dass Sie dadurch die Einträge besser verstehen können. Dennoch bleibt so vieles von dem, was die Welt der Engel und Dämonen betrifft, ein Geheimnis für uns.

Trotz aller Berichte über das Gebaren der Dämonen und das Chaos, das Satan verursachen kann, besteht meine Hoffnung darin, dass die eigentliche Botschaft durchkommt: Es gibt nur einen Gott und einen Erlöser, Jesus Christus. Gegenüber der grenzenlosen Macht Gottes ist Satan nur ein »Staubkrümel«. Seinem Tun sind enge Grenzen gesetzt und es bleibt ihm nur wenig Zeit. Bald wird er für immer in den Abgrund geworfen werden.

Bis dahin setzen wir unser Vertrauen auf Gott, berufen uns auf die Erlösung durch Jesus und rufen die selige Jungfrau Maria, die Engel und alle Heiligen um ihren Schutz an. Wir haben keinen Grund zur Furcht. Ich schlafe nachts sehr gut – trotz gelegentlicher dämonischer Angriffe!

Seien Sie ganz beruhigt. Jesus hat den Sieg bereits errungen.

Tagebuch eines Exorzisten 1

»Sprich diesen Namen nicht aus!«

Mitten in einer Exorzismus-Sitzung drang aus dem Mund des Besessenen ein Schrei: »Sprich diesen Namen nicht aus!« Wir hatten den heiligen Namen Jesu ausgesprochen, und das hat die Dämonen wirklich geärgert. Sie konnten es nicht ausstehen, ihn zu hören. Als uns dies bewusst wurde, wiederholten wir ihn umso häufiger. Immer wieder haben wir im Sprechgesang gerufen: »Jesus, Jesus, Jesus.«

Jesu Name ist heilig. Er sollte nie gedankenlos oder als Schimpfwort benutzt werden. Das wäre genauso, wie wenn man etwas Heiliges in den Schmutz wirft. »Darum hat ihn Gott über alle erhöht und ihm den Namen verliehen, der größer ist als alle Namen, damit alle im Himmel, auf der Erde und unter der Erde ihr Knie beugen vor dem Namen Jesu« (Phil 2,9–10). Diese Bibelstelle zitiere ich häufig im Laufe einer Exorzismus-Sitzung, wobei ich besonders den Teil »und unter der Erde« betone. Selbst in der Hölle ist der Name Jesu allmächtig und jedes Knie sollte sich vor ihm beugen.

Auf der Erde hat Jesu Name die Macht, Dämonen auszutreiben. So lautet auch der Text aus dem Rituale des Exorzismus: »In nomine Domini nostri Iesu Christi eradicare et effugare ab hoc plasmate Dei«, das heißt: »Im Namen und durch die Kraft unseres Herrn Jesus Christus seiest du entwurzelt und vertrieben aus dem nach Gottes Ebenbild erschaffenen Geschöpf!«

Wie viele Heilige sind mit seinem Namen auf den Lippen gestorben! Den Dämonen jedoch verursacht sein Name Qualen, um nicht zu sagen die reine Hölle.

Theologische Betrachtung

Den Namen Jesu anrufen

Etwas »im Namen von...« zu tun, hieß zu Zeiten Jesu wie auch in unseren Tagen, dass man es im Auftrag dieser Person tut. Man wird bevollmächtigt, anstelle dieser Person mit ganzer Vollmacht und Kraft zu handeln. Da wir alle in Jesus eins sind, ist es der Herr selbst, der durch uns handelt, wenn wir seinen Willen tun. Im Kolosserbrief lesen wir: »Alles, was ihr in Wort oder Werk tut, geschehe im Namen Jesu, des Herrn. Dankt Gott, dem Vater, durch ihn!« (Kol 3,17).

Das gilt auch für den Befreiungsdienst. Der Exorzist hat keine Macht über die Dämonen, wenn sie ihm nicht vom Herrn – durch einen Bischof – verliehen wird. Jesus hat uns ausdrücklich beauftragt, an seiner Stelle zu handeln und die Dämonen auszutreiben. So lesen wir im Lukasevangelium: »Dann rief er die Zwölf zu sich und gab ihnen Kraft und Vollmacht über alle Dämonen und um Krankheiten zu heilen« (Lk 9,1). Wenn die Dämonen hören, wie der Exorzist den Namen Jesu anruft, dann sind sie unmittelbar mit der Macht und Autorität des Herrn konfrontiert. Ihm sind sie nicht gewachsen.

Tagebuch eines Exorzisten 2

Fehlgeschlagener Anruf oder Dämonen?

Heute Morgen versuchte ein Priester, der dringend meinen Rat brauchte, mich telefonisch zu erreichen. Er hat es mit dem heiklen Fall eines Mannes zu tun, von dem er glaubt, dass dieser ein Problem mit einem Dämon hat. Wie ich später erfuhr, hatte er kurz zuvor und von der gleichen Stelle aus bereits einen Anruf mit seinem Handy getätigt und es gab kein Problem mit der Verbindung. Auch ich befand mich an einem Ort, an dem ein guter Empfang gewährleistet war. Alle anderen Anrufe, die ich an diesem Tag erhielt, konnte ich problemlos entgegennehmen. Doch dieser Priester und ich versuchten mindestens ein Dutzend Mal, Kontakt miteinander aufzunehmen. Nach den ersten paar Worten brach die Verbindung immer sofort ab.

Irgendetwas war im Gange. Als sich nach vielen fehlgeschlagenen Anrufen erneut ein kurzer Kontakt aufbaute, schlug ich schnell vor, bevor dieser wieder unterbrochen wurde: »Wir wollen ein Gebet sprechen.« Wir wandten uns im Gebet an die selige Jungfrau Maria und den Erzengel Michael und baten um ihre Fürsprache, damit die Leitung störungsfrei bleibt. Unser Gebet wurde erhört. Es gab keine weiteren Unterbrechungen. Wir führten ein gutes Gespräch und es stellte sich heraus, dass er tatsächlich in Kontakt mit jemandem stand, der dringend einer Befreiung von Dämonen bedurfte.

Ziemlich oft habe ich festgestellt, dass besessene Menschen große Probleme damit haben, ihren Priester, geistlichen Begleiter oder einen Exorzisten telefonisch zu erreichen. Auch unter den Betroffenen, denen ich in den letzten Jahren geholfen habe, sind viele, die bestätigen, dass sie mich oft nicht telefonisch erreichen konnten.

Wir sehen darin ganz klar eine bestimmte Vorgehensweise der Dämonen, die zu unterbinden versuchen, dass diese geplagten Menschen Hilfe erhalten. Die Dämonen tun alles, was ihnen möglich ist, um ihre Opfer zu isolieren. Auf keinen Fall wollen sie, dass eine Verbindung mit einem Priester zustande kommt. Und ob Sie es glauben oder nicht, sie manipulieren zu diesem Zweck auch gerne technische Geräte.

Was kann man dagegen tun? Zum Beispiel ein Gebet sprechen, damit die Telefonleitung störungsfrei bleibt.[2] Zusätzlich haben wir Alternativen, auf die wir ausweichen, um mit den Betroffenen in Kontakt zu bleiben. Manchmal nutzen wir Skype oder ähnliche Kommunikationsdienste, doch hin und wieder werden auch diese unterbrochen. In diesem Fall greifen wir auf enge Freunde oder Familienmitglieder zurück, die in unserem Auftrag mit der betreffenden Person Verbindung aufnehmen, wobei dieser Weg mühsamer ist als alles andere. Letzten Endes aber finden wir immer einen Weg, um die Person zu erreichen, die unsere Hilfe braucht.

Die Dämonen können uns kurz aufhalten, doch mit etwas Geduld und mit Gebet kommen wir immer an unser Ziel. Dies ist übrigens eine typische dämonische Belästigung: Sie können uns schikanieren, bedrängen und versuchen, eine Sache noch schwieriger zu machen, als sie schon ist, doch am Ende siegt immer Gott.

---

2 Siehe Leitfaden »Catholic Exorcism« des St. Michael Centers für Spirituelle Erneuerung. Unter »Deliverance Prayers for the Laity« finden Sie das »Schirmgebet für technische Geräte«, https://www.catholicexorcism.org/deliverance-prayers-for-the-laity.

Theologische Betrachtung

Was bedeutet es, von Dämonen besessen zu sein?

Dämonen sind gefallene Engel. Und wie alle Engel (und auch die Menschen) wurden sie geschaffen, um mit der Schöpfung, miteinander und mit Gott in einer liebevollen Einheit zu sein. Wir alle wurden geschaffen, um in Beziehung zu anderen zu leben. Unglücklicherweise rebellierten diese gefallenen Engel, die man auch Dämonen nennt, gegen Gott und somit lehnen sie alles ab, was mit Gott zusammenhängt.

Gott ist zuerst und vor allen Dingen die von Liebe getragene dreifaltige Beziehung zwischen Vater, Sohn und Heiligem Geist. Gottes trinitarische Einheit der Liebe, die im Himmel vollkommen verwirklicht ist, wird uns allen angeboten.

Aufgrund ihrer schweren Sünden können Dämonen keine Beziehungen aufbauen oder eingehen, die auf gegenseitiger Liebe beruhen. In der Hölle gibt es keine Freundschaft. Zwar ist den Dämonen das ursprüngliche Verlangen nach Gemeinschaft geblieben, doch nun ist es pervertiert, und statt Beziehungen auf der Basis von Freiwilligkeit und Liebe einzugehen, versuchen sie, andere zu kontrollieren, zu dominieren und Macht über sie auszuüben.

Dasselbe gilt auch für dysfunktionale, gestörte Beziehungen zwischen den Menschen. Die Menschen sind zu freien und liebevollen Beziehungen berufen. Als Folge der Sünde werden jedoch manche Beziehungen der Menschen durch

Kontrolle und besitzergreifendes Verhalten geprägt. Das kommt nicht von Gott.

Wenn man den Dämonen eine Tür öffnet, werden sie stets versuchen einzudringen und Besitz von etwas oder einer Person zu ergreifen. Sie können von einem Gegenstand Besitz ergreifen, wie zum Beispiel von einem Gebrauchsgegenstand, der mit einem Fluch beladen ist. Sie können auch von Häusern Besitz ergreifen, insbesondere solchen, in denen sündhafte oder okkulte Handlungen begangen wurden. Ein Haus, eine Wohnung oder irgendein anderes Gebäude kann von Dämonen »befallen« sein, wenn man sie bewusst oder unbewusst eingeladen hat. Das kann auch bei einem Menschen geschehen, der den Dämonen ein »Einfallstor« geboten hat.

Oft bleibt die Besessenheit verborgen. Zuweilen zeigt sich jedoch die Anwesenheit des Dämons. Beispielsweise dann, wenn die besessene Person sich bekehrt und beginnt, ihren Glauben zu praktizieren. Wenn sie in die Kirche geht, betet oder irgendwelche religiösen Handlungen vornimmt, kann das die verborgenen Dämonen zu heftigen Reaktionen veranlassen, die sich auch körperlich manifestieren. So kann das Betreten einer Kirche den besessenen Personen große Schwierigkeiten bereiten. Oder sie haben Probleme, wenn sie ein Gebet sprechen wollen. Wenn sie mit kaltem Weihwasser besprengt werden, können sie behaupten, dass es brennt. Oder sie müssen ihre Blicke von Kruzifixen oder Heiligenbildern abwenden. Dies alles ist auf die Gegenwart von Dämonen zurückzuführen, die solche heiligen Gegenstände oder Gebete nicht ertragen können.

In besonders schweren Fällen von Besessenheit kann es geschehen, dass der Dämon zeitweise die vollständige

Kontrolle über den menschlichen Körper übernimmt. Die Persönlichkeit des Dämons kann sich dann sogar in den Gesichtszügen des Opfers ausdrücken. Die Stimme der Person verändert sich und man hört nicht mehr sie selbst reden, sondern den Dämon. In solchen Fällen haben die Dämonen die Kontrolle über den Körper dieser Person übernommen und somit bezeichnet man sie als von Dämonen »besessen«.

Tagebuch eines Exorzisten 3

Besessenheit – stark oder schwach

Wenn eine Person, die leidet und um Hilfe gebeten hat, zum ersten Mal an einer Exorzismus-Sitzung teilnimmt, versuchen wir zu klären, ob sie besessen ist oder ob sie nur unter einer okkulten Belastung oder einem psychischen Problem leidet – oder ob beides zutrifft. Dabei ist in erster Linie ein gutes Urteilsvermögen gefragt. Zur Entscheidungsfindung gehört, dass wir über der Person beten und beobachten, ob eine Reaktion auf die gesprochenen Gebete erfolgt.

Dämonen können die Gebete der Kirche nicht ertragen und reagieren schließlich mit Gewalt, wenn sie in einem Menschen präsent sind. Die beste Analogie, die mir in den Sinn kommt, ist die Vorstellung, heißes, leicht entflammbares Öl über die Dämonen zu gießen und es dann in Brand zu setzen. So empfinden sie Gottes Gnade und heilige Gegenstände. Sie schreien dann auf in ihrer Qual. Da sie nicht sterblich sind, können sie auch nicht aufhören zu existieren. Allerdings sind sie ausgesprochen stark und so sitzen sie da und schreien, während sie lebendig verbrannt werden. Dennoch weichen viele von ihnen noch nicht auf Anhieb.

Als wir vor Kurzem einen solchen Klärungsprozess der Unterscheidung begannen, beteten wir über einer jungen Frau, von der wir dachten, dass sie besessen sein könnte. Kaum hatten wir mit dem Beten begonnen, schlug sie schon um sich und kreischte. Sie reagierte heftig auf Weihwasser, auf das Kruzifix und auf Benediktus-Medaillen. Der pure Hass in ihren Augen, der ganz besonders uns Priestern galt, war sehr aufschlussreich. Das war ein eindeutiges Zeichen für die Anwesenheit von Dämonen, die ein menschliches Wesen nicht imitieren kann. Es war nervenaufreibend.

Aus psychologischer Sicht erschien diese Klientin normal, es gab keinerlei Anzeichen psychischer Auffälligkeiten. Wir fanden heraus, dass ihr Vater sich mit okkulten Praktiken beschäftigt hatte, als sie noch klein war. Irgendwie muss er sie dabei mit hineingezogen haben. Dieses Thema war sehr peinlich für ihn und er war nicht bereit, seinem Ortspfarrer gegenüber irgendetwas zuzugeben.

Leider mussten wir nach einiger Zeit feststellen, dass sie besessen war. Allerdings handelte es sich bei ihr um einen deutlich schwächeren Grad von Besessenheit, wenn man es so ausdrücken will. Die Dämonen veränderten ihr Verhalten während der Sitzung relativ schnell von anfänglichem Hochmut und Trotz zu einem Winseln und Heulen. Außerdem reagierten sie, wenn ich ihnen etwas befahl. Am Ende der Sitzung fragte ich die Frau, woran sie sich erinnern könne, und sie antwortete: »An alles.« Das ist typisch für einen Fall eines schwächeren Grades der Besessenheit.

Wenn es sich um einen stärkeren Grad der Besessenheit handelt, verliert der Betreffende häufig schnell das Bewusstsein, oft schon, wenn zu Beginn die Allerheiligenlitanei gebetet wird. Er verdreht die Augen und wird bewusstlos. Dann offenbaren sich die Dämonen. Normalerweise sind sie arrogant, beleidigen den Priester und verweigern sich jedem Befehl. Zumindest zu Beginn der Sitzungen neigen sie dazu, kaum auf die Sakramentalien oder Gebete zu reagieren.

Bei einem Grad von schwächerer Besessenheit, wie in diesem Fall, beginnen die Dämonen jedoch ziemlich schnell zu winseln und zu heulen. Wie bereits erwähnt, nimmt die Person alles wahr, was während der Exorzismus-Sitzung geschieht, obwohl ihr Bewusstsein in den Hintergrund gedrängt ist. Es sind die dämonischen Wesen, die in den Vordergrund treten, wenn sie sich während der Sitzung manifestieren. Die Dämonen gehorchen in solchen Fällen und sie sind gezwungen, alles zu tun, was ich ihnen befehle, so zum Beispiel das Kreuz zu küssen und ihre Arme unten zu lassen und nicht auf andere einzuschlagen. Und sie reagieren stark auf geweihte heilige Gegenstände.

Somit lag bei der betreffenden Person ein schwächerer Grad der Besessenheit vor, wahrscheinlich weil sie selbst nichts unternommen hatte, was den Dämonen ein Einfallstor geboten hätte. Vermutlich war etwas, was ihr Vater getan hatte, dafür verantwortlich. Außerdem führte sie ein gutes christliches Leben und empfing auch die Sakramente. Das bedeutet, dass die Dämonen in einem solchen Fall üblicherweise kaum einen festen Zugriff bekommen und damit auch leichter ausgetrieben werden können.

Da wir fortfuhren, über dieser Person zu beten, machte sie sehr gute Fortschritte. Rasch fand sie zurück in ein normales Leben und es ist eine Freude, dies zu beobachten. Dieser Einsatz war sehr ermutigend und lohnend.

Theologische Betrachtung

Was bedeutet Manifestation von Dämonen?

Wenn eine Person besessen ist, können die Dämonen für eine gewisse Zeitspanne vom Körper dieser Person Besitz ergreifen und ihre Anwesenheit zeigen oder offenbaren. Der Exorzist sucht nach Anzeichen einer solchen dämonischen Manifestation, um eine Diagnose über eine wirkliche Besessenheit stellen zu können.

Bei einer besessenen Person kann sich die dämonische Präsenz jederzeit zeigen. Eine dämonische Manifestation geschieht am ehesten, wenn die Person religiöse Handlungen vornimmt, etwa zum Gottesdienst geht, betet oder einen Exorzismus durchführen lässt. Normalerweise versuchen Dämonen, ihre Anwesenheit zu verbergen. Während eines Exorzismus oder einer frommen Handlung geraten sie jedoch unter einen sehr großen Leidensdruck, sodass es für sie schwierig wird, sich zu verbergen.

Weil sie sich bewusst dem Bösen übergeben haben, können sie alles, was heilig oder gut ist, nicht ertragen. Sie haben den Einen zurückgewiesen, der unendlich gut ist, und halten nun die Gegenwart von allem, was zu Gott gehört, nicht aus. Wenn sie damit konfrontiert werden, ist das so ähnlich, also ob jemand, der in ständiger Dunkelheit lebt, direkt ins Sonnenlicht blicken müsste. Deshalb reagieren und manifestieren sie sich, wenn man sie dem Licht des Guten, das von Gott kommt, aussetzt.

Es gibt viele typische Anzeichen für eine dämonische Manifestation. Sie können von Person zu Person unterschiedlich sein. Einige der klassischen Anzeichen sind das Sichwinden und Bekunden einer Abneigung gegenüber sakralen Gegenständen. In schwereren Fällen übernimmt der Dämon zeitweilig die Persönlichkeit der betroffenen Person und drängt deren Bewusstsein in den Hintergrund. Dann kann der Dämon mit der Stimme des Betroffenen sprechen und im Gesicht der Person spiegelt sich häufig eine dämonische Wut wider. In solchen Fällen zeigt sich der Dämon ganz eindeutig und es ist klar, dass die Person besessen ist.

Tagebuch eines Exorzisten 4

Konfrontation mit Luzifer

Mein Team und ich verbringen viel Zeit damit, uns mit Dämonen der niederen Ränge auseinanderzusetzen. Die meisten Besessenen werden von diesen Dämonen der niederen Ränge geplagt. Gott sei Dank. Wenn wir ihre Namen im Laufe des Exorzismus erfahren, dann stellen wir fest, dass sie häufig nicht bekannt sind.

Gelegentlich sind wir jedoch mit einem Dämon höheren Ranges konfrontiert und dann wird es schwieriger. Das sind die bekannteren Höllenfürsten wie Beelzebub, Baal, Leviathan, Gressil und Asmodäus. Es gibt auch Momente, in denen Luzifer selbst auftaucht. Allerdings geschieht das selten. Manche Dämonen, die wir bei den Besessenen feststellen, behaupten von sich, Satan oder Luzifer zu sein. Es sind jedoch in der Regel Dämonen einer niederen Rangordnung, vielleicht unterstehen sie seinem direkten Befehl. Wenn Luzifer auftaucht, ist er stets von den Höllenfürsten und vielen, vielen anderen umgeben. Das ist scheußlich.

Vor Kurzem stellte ich den Dämonen während einer Sitzung verschiedene Fragen und befahl ihnen, mir zu sagen, wer unter den Dämonen der besessenen Person der Anführer sei. Ihr Sprecher erwiderte in höhnischem Tonfall: »Unser Anführer ist der König der Unterwelt persönlich!« Dann fügte er hinzu: »Diese Nummer hier ist zu groß für dich!« Später bestätigten sie, dass es tatsächlich Luzifer war. Puh.

Wir haben eineinhalb Jahre lang Exorzismus-Sitzungen mit dieser Person abgehalten und nachdem wir die niederen Dämonen einschließlich der Höllenfürsten in Jesu Namen ausgetrieben hatten, trat Luzifer schließlich selbst in Erscheinung. Sein Wesen war bizarr und unverkennbar. Sein Auftritt wurde von einem Fauchen begleitet, das dem Zischen einer Schlange glich. Er unterschied sich grundlegend von den Dämonen der niederen Ränge, die oft nur vordergründig großsprecherisch und prahlerisch sind. Trotz ihrer zweifellos vorhandenen Intelligenz verhielten sie sich ziemlich blöd.

Luzifer, dessen Name oft mit »Lichtträger« oder »Sohn der Morgenröte« (Jes 14,12) übersetzt wird, war brillant, gerissen, wohlüberlegt und treffsicher. Niedere Dämonen ducken sich in Gegenwart eines Priesters weg, Luzifer dachte jedoch nicht daran. Als ich einige Zeit später einen älteren Exorzisten um seinen Rat bat, meinte er: »Sie versuchen, dich einzuschüchtern, um zu prüfen, ob es dir an Selbstvertrauen mangelt, was sie natürlich ausnützen wollen.« Und er fügte hinzu: »Fall nicht darauf herein!«

Ein harter geistlicher Kampf kam auf uns zu, doch das Team und ich fassten Vertrauen. Luzifer bot eine sehr starke Armee auf. Er führte alle erdenklichen Kräfte ins Feld einschließlich der Höllenfürsten und Hunderten von Dämonen. Wir aber hatten die Macht des Himmels hinter uns: die selige Jungfrau Maria, die Heiligen und die Engel und natürlich Jesus selbst. Wir konnten nicht verlieren.

Ich rief die selige Jungfrau Maria an und betete den Großen Exorzismus nach dem Rituale der Kirche, während mein aus Laien bestehendes Team die Allerheiligenlitanei betete. Der »König der Unterwelt« kreischte und wand sich wie seine ganze Gefolgschaft. Und es geschah schließlich, wie es im alten Rituale des Großen Exorzismus heißt: *Cede igitur, cede non mihi, sed ministro Christi* – »Weiche also, weiche nicht vor mir, sondern vor dem Diener Christi«. Endlich wurden er wie all die anderen durch die Macht Christi ausgetrieben.

Theologische Betrachtung

Der Fall des höchsten Engels

Der folgende Text aus Jesaja wird oft auf Luzifer bezogen: »Wie bist du vom Himmel gefallen, Strahlender, du Sohn der Morgenröte. Wie bist du zu Boden geschmettert, du Bezwinger der Nationen« (14,12). In der Vulgata wird »Morgenstern« mit »Luzifer« übersetzt, den eine Reihe von Kirchenvätern als Satan identifiziert hat.[3]

Nach dem heiligen Thomas von Aquin bestand Luzifers Sünde darin, dass er sein wollte wie Gott, und zwar aus eigener Machtvollkommenheit und nicht dank der Gnade Gottes. Luzifers Sünde war also der Stolz.[4] Andere betrachten eher den Neid als Luzifers Sünde.

Es gibt auch unterschiedliche Auffassungen über die Frage, ob Luzifer vor seinem Fall der größte unter den Engeln war. Der heilige Thomas und Papst Gregor der Große stimmen in der Frage überein, dass Luzifer (oder Satan) tatsächlich der ranghöchste Engel war.[5] Ich möchte dem hinzufügen, dass die Engel der höheren Ränge sich von denen der niederen Ränge keineswegs nur durch den Rang unterscheiden, sondern durch einen enormen Zuwachs an Macht und Intelligenz. So wie Luzifer, der höchste aller Engel, unvergleichlich brillant gewesen sein muss. Leider muss er wohl von seiner eigenen Brillanz geblendet worden sein.

---

3 Raymond E. Brown et al., Jerome Biblical Commentary, Prentice Hall, Englewood Cliffs, NJ 1968, 274.

4 Thomas von Aquin, Summa theologica, I, q. 63, art. 3,7.

5 Ebd., art. 9.

Für die Menschen hat Luzifer nur pure Verachtung übrig. Von Natur aus ist er so viel größer als wir schwachen Menschen. Und doch können wir durch Jesus, den Gottmenschen, durch die Gnade Gottes am Wesen Gottes teilhaben. Was wir durch die Gnade werden können, übertrifft sogar die Engel. Indem wir an der göttlichen Natur Jesu teilhaben, werden wir aus Gnade erhöht: »Jesus ist der Abglanz seiner Herrlichkeit und das Abbild seines Wesens« (Hebr 1,3).

Darüber kann man nur staunen. Schon von Anbeginn der Zeiten wussten die Engel um die Menschwerdung des Gottessohnes. Er sollte Mensch werden – und kein Engel. Man geht davon aus, dass Satan diesen göttlichen Akt der Demut und Gottes Liebe zu den Menschen abgelehnt hat.

Satan versucht, Gott, den Vater, und seinen Sohn zu ärgern, indem er gegen die Menschen Krieg führt. Aber gerade durch unsere enge Verbindung mit Jesus besiegen wir Satan trotz seiner natürlichen Überlegenheit. In Jesus teilen wir die göttliche Natur und in seinem Namen treiben wir Satan aus.

Tagebuch eines Exorzisten 5

Warum werden die Menschen von den Dämonen gewürgt?

Ein Mann rief vor Kurzem an und berichtete, dass sein Haus von Dämonen heimgesucht wird. Er fügte hinzu, dass sie ihn im Bett angegriffen und gewürgt hatten. Er konnte kaum noch Luft holen. Instinktiv hatte er gerade noch herausgebracht: »Im Namen Jesu, lasst ab von mir!« Nachdem er das dreimal gesagt hatte, hörten die Dämonen auf, ihn zu behelligen.

Viele Leute, die von Dämonen angegriffen werden, erzählen, dass sie manchmal von ihnen stranguliert werden. Nicht selten beginnt eine besessene Person während des Exorzismus um Luft zu ringen. Bei einem der schwierigsten Fälle, die wir je hatten, sagten die Dämonen durch den Mund der besessenen Person zu mir, dass sie aufgrund der Dinge, die das Exorzisten-Team ihnen antue, »gezwungen« seien, diese Person so zu würgen. Auf diese Weise versuchten sie, mir die Schuld zuzuschieben. Ich antwortete sarkastisch: »Netter Versuch.«

Dämonen tun üble Dinge. Sie übernehmen auch keine Verantwortung für ihr schlimmes Treiben. Und sie versuchen zu erreichen, dass wir uns schuldig fühlen.

Warum schnüren sie den Leuten die Luft ab? Zunächst ist das ein Verhalten, das man auch bei Tieren feststellen kann. Sie packen ihre Beute an der Gurgel, um sie unter Kontrolle zu bringen und zu töten. Den Dämonen ist es nicht erlaubt, Menschen zu töten, doch unter bestimmten begrenzten Umständen können sie ihnen die Luft abschnüren, insbesondere den besessenen Personen (vgl. Ijob 1,12; 2,6).

Dämonen verhalten sich wie bösartige Bestien und sie werden in der Kunst oft als Tiere dargestellt oder als Kreaturen, deren Körper tierische Merkmale wie Schwänze, Klauen und Hörner aufweisen. Sie gehen den Leuten an die Kehle, um sie zu beherrschen, zu ängstigen oder einzuschüchtern. Sie würgen sie auch, um sie vom Beten abzuhalten oder um zu verhindern, dass sie den Namen Jesu aussprechen. Wenn Sie jemals gewürgt wurden, dann wissen Sie, welchen Schrecken das einjagen kann.

Doch seien Sie versichert, Gott erlaubt keinem Dämon, uns zu töten. Somit ist die richtige Reaktion auf dämonische Angriffe das, was der Mann, der gewürgt wurde, spontan getan hat: Er befahl den Dämonen in Jesu Namen, von ihm abzulassen. Wir alle sind weisungsbefugt, was unseren eigenen Körper betrifft, und wir können diese Weisungsbefugnis ausüben, indem wir den Dämonen befehlen, uns zu verlassen.

Die Dämonen versuchen, uns unter ihre Kontrolle zu bringen, indem sie uns – ähnlich wie eine Horde wilder Tiere – einschüchtern und uns Angst einjagen. Das tun sie mit hohlem Getöse und dumpfen Drohungen. Wir aber sollten immer daran denken, dass Jesus der Herr ist! Vertrauen Sie ihm.

Theologische Betrachtung

Satan an der kurzen Leine

Unter Exorzisten ist unstreitig, dass Satan an einer kurzen Leine gehalten wird. Seine Handlungen sind nicht zu verwechseln mit dem Werk Gottes. Gott führt uns niemals in Versuchung, eine Sünde zu begehen oder uns selbst ein Leid anzutun. Allerdings räumt er Satan die eng begrenzte Freiheit ein, uns zu versuchen und uns zu belästigen. Darum stellt sich die Frage: Warum lässt Gott das zu?

Eine Antwort lautet: Gott lässt dem Teufel gerade so viel freie Hand, dass es unserem Wachstum an Gnade und Heiligkeit dient. Ich kann dies immer wieder beobachten. Die Menschen, für die wir beten, gehen normalerweise in ihrem Glauben gestärkt aus dem Ganzen hervor und streben danach, ein heiligmäßiges Leben zu führen, das von Satans Zugriff befreit ist. Paradoxerweise tragen sogar Satans böse Taten schließlich dazu bei, den Willen Gottes zu befördern und zur Verherrlichung Gottes beizutragen, was Satan unendlich ärgert.

Satan und die Dämonen sind rein spirituelle Wesen. Sie existieren außerhalb der physischen Wirklichkeit, die wir Menschen wahrnehmen. Wie schon erwähnt, sind sie sehr viel mächtiger als wir und sie bewegen sich in Gedankenschnelle. Auf uns selbst gestellt, sind wir kein ernsthafter Gegner für sie. Deshalb muss ihr Vorgehen auch stark eingeschränkt sein. Wir werden jedoch nie über unsere Kräfte hinaus versucht. Dem Unheil, das die Dämonen in der Welt anrichten können, sind enge Grenzen gesetzt. Wenn dem nicht so wäre, hätte Satan uns längst alle vernichtet und die Welt in Flammen aufgehen lassen.

Und da ihr Handlungsspielraum so begrenzt ist, können die Dämonen uns weder töten noch verstümmeln. Sie können allerdings versuchen, uns in Angst und Schrecken zu versetzen und uns zu beherrschen. Wie bereits erwähnt, handeln die Dämonen wie wilde Tiere und sie sind in der Lage, einer Person durch einen schweren oder leichteren Grad der Besessenheit Leid zuzufügen. Sie können ihr die Kehle zudrücken. Bei einem sehr schlimmen Fall haben die Dämonen einer Person immer wieder die Luft abgeschnürt. Sie war mehrfach am Rande einer Ohnmacht, auch wenn sie nie ganz das Bewusstsein verlor. Es war eine unglaubliche Quälerei für sie und für alle, die Zeuge dieser brutalen Vorgehensweise waren.

Zweifellos empfinden es viele als unfair, dass ein Mensch ein solch brutales Vorgehen ertragen muss, und sie fragen sich, warum Gott solch schreckliche Dinge zulässt. Doch das ist nur ein Teil einer viel weiterreichenden Frage: Warum lässt Gott das Leid in dieser Welt zu? Warum ließ er den Holocaust, die Pest, Covid-19, die vielen Hungersnöte und andere Plagen zu? Die Antwort auf diese Frage werden wir erst erhalten, wenn wir im kommenden Leben – das ist unsere Hoffnung – in der Gegenwart Gottes sein dürfen. Jetzt aber setzen wir unser ganzes Vertrauen auf Gott und glauben daran, »dass denen, die Gott lieben, alles zum Guten gereicht« (Röm 8,28).

Tagebuch eines Exorzisten 6

Die Bemühungen verstärken

Vor Kurzem habe ich für künftige Exorzisten eine Übungssitzung abgehalten. Einige wenige zeigten ein gewisses Unbehagen, da sie dämonische Vergeltungsmaßnahmen befürchteten. Ich versicherte ihnen, dass dieser Dienst keine Gefahren mit sich bringt und dass Gott sie schützen wird. Allerdings fügte ich hinzu: »Sie müssen Ihre Bemühungen verstärken.« Dann erklärte ich, was ich damit meinte: Den Dienst eines Exorzisten auszuüben ist vergleichbar mit dem Fliegen eines Flugzeuges (schließlich hatte ich bei der Luftwaffe gedient). Es ist eigentlich alles sicher ... Fehler können sich jedoch lebensgefährlich auswirken.

Zunächst muss man beachten, dass es so etwas wie eine »kleine« Sünde nicht gibt. Jede Sünde ist schlimm. Außerdem stellt sie genau den Spalt dar, in den Satan seinen Keil treiben kann. Hast du ein Problem mit Alkohol? Mit der Sexualität? Mit Pornografie? Mit Ungehorsam? Mit Hochmut? Mit Selbsthass? Mit Zorn? Sieh zu, dass du das zuerst in Ordnung bringst, und dann komm zurück.

Die »Praenotanda« (die Einführung in das Rituale Romanum, Exorzismus, Nr. 13) weisen darauf hin, dass der Dienst »ausschließlich einem Priester anvertraut werden darf, der sich durch Gottesfurcht, Weisheit, Besonnenheit und Integrität auszeichnet«. Ich betone den letzten Punkt: ein integer geführtes Leben.

Satan hat seinen großen Tag, wenn er es mit einem Mann zu tun bekommt, der sein Priesteramt nicht integer ausübt.

Außerdem sollte ein Exorzist sorgfältig und gewissenhaft daran arbeiten, sein Leben Christus und der Kirche anzugleichen. Wir Priester, die gleichzeitig den Dienst des Exorzisten ausüben, gehen gewöhnlich einmal in der Woche zur Beichte, beten gewissenhaft das Stundengebet, halten länger als eine Stunde täglich die sogenannte Heilige Stunde mit Anbetung und sind sehr darauf bedacht, unseren Oberen sowie der Kirche Gehorsam zu leisten. Satan würde das kleinste Einfallstor in unserem geistlichen Leben nutzen, um in unsere Köpfe einzudringen und Chaos zu stiften.

Es gibt jedoch vor allen Dingen eine Eigenschaft, die wichtig ist. Vielleicht ist es die einzige Eigenschaft, auf die es wirklich ankommt: das Vertrauen. Ein Exorzist muss ganz und gar auf die Macht Jesu Christi vertrauen, unabhängig davon, wie kompliziert die Sache aussieht. Jesus ist der Herr!

Weil Jesus der Herr ist, schlafen wir nachts gut. Weil Jesus der Herr ist, gehen wir voller Zuversicht in jede Exorzismus-Sitzung. Weil Jesus der Herr ist, besteht für uns kein Zweifel, wie das Ganze ausgehen wird.

Es ist ein schöner Dienst. Jesus ist der Herr.

Tagebuch eines Exorzisten 7

Von den Dämonen angegriffen werden

Ein harter Fall heute. Mein Team und ich waren davon ausgegangen, mit einem einfachen Fall, einer schwachen dämonischen Bedrängnis (Umsessenheit), konfrontiert zu werden. Als wir begannen, unsere Befreiungsgebete über einem Mann mittleren Alters zu sprechen, wurde ich von seinen Dämonen angegriffen. Sofort begann mein Magen zu rebellieren und in Windeseile breitete sich ein heftiges Unwohlsein vom Kopf ausgehend in meinem ganzen Körper aus. Die ganze Sitzung über fühlte ich mich geistig völlig zerschlagen. Es bereitete mir Schwierigkeiten, im Zimmer zu bleiben und die Sitzung fortzuführen.

Als die Sitzung zu Ende war, sagte eine besonders begnadete Person, die bei der Sitzung anwesend war, noch bevor ich von meiner Erfahrung berichten konnte, dass sie gesehen habe, wie die Dämonen mich angegriffen hätten, als wir unsere Gebete begannen. Sie beschrieb auch genau, was ich erlebt hatte: Sie befielen zunächst meinen Magen und dann meinen Kopf. Begnadete Menschen oder solche, die spirituell besonders sensibel sind, haben von Gott ein Charisma erhalten, das ihnen hilft, eine Unterscheidung im geistlichen Bereich vorzunehmen zu können, was auch bedeutet, dass sie die Anwesenheit von Dämonen erkennen können (siehe Theologische Betrachtungen – »Die spirituell Sensiblen« auf S. 70/71).

Erleichtert nahm ich ihre Worte als Bestätigung dafür auf, dass ich nicht verrückt bin! Wir alle, die wir in diesem Dienst stehen, müssen sorgfältig unterscheiden, was Wirklichkeit ist und was unserer Einbildung entspringt. Doch von Dämonen malträtiert zu werden, ist eine Erfahrung, die man kaum missdeuten kann.

So seltsam es klingen mag: Dieser Angriff hatte doch auch etwas Gutes. Nun wissen wir, dass bei dieser Person ein ernsthaftes dämonisches Problem vorhanden ist. Deshalb werden wir eine ganze Reihe weiterer Sitzungen einplanen. Und ich hoffe und bete, dass es sich als Gnade für die heimgesuchte Person herausstellen wird, wenn die Dämonen uns angreifen, sodass sie umso schneller befreit werden kann. Gepriesen sei der Herr!

Theologische Betrachtung

Können Menschen von Dämonen angegriffen werden?

Es gibt eine lange Geschichte von Menschen, die von Dämonen angegriffen wurden, besonders die großen Heiligen. Wir bezeichnen das als Satans »außergewöhnliche« Umtriebe. Seine »gewöhnlichen« Aktivitäten bestehen darin, die ganze Menschheit zur Sünde zu verführen. Manchmal ist es Satan auch erlaubt, Menschen unmittelbar anzugreifen. Es gilt aber zu beachten, dass das nicht die Regel ist.

Viele Heilige haben berichtet, dass sie von Dämonen tätlich angegriffen und geschlagen wurden. Gott lässt das zu, weil es zu ihrer Heiligung dient und Teilhabe am Kreuz Christi ist. Wenn die besessene Person diese Angriffe bewusst annimmt und sie mit Gottes Gnade übersteht, kann das zu einer Quelle des Segens für viele werden. Der Grund ist, dass diese Leiden in Verbindung mit dem Leiden Jesu Christi am Kreuz aufgeopfert werden.

Besessene Personen sind nicht selten auch das Ziel von außergewöhnlich schweren dämonischen Angriffen. Es ist den Dämonen erlaubt, diese besessenen Personen auf vielerlei verschiedene Arten anzugreifen. Zum Beispiel weisen sie in manchen Fällen unerklärliche Kratzwunden und Blutergüsse auf. Tatsächlich haben wir mitten in der Sitzung gesehen, wie solche Kratzer und Blutergüsse sich plötzlich auf dem Körper der besessenen Person zeigten. Und es gibt viele weitere unmittelbare und sehr qualvolle Möglichkeiten, wie die Dämonen besessenen Personen zusetzen können. Wie bereits erwähnt, ist es nicht ungewöhnlich, dass sie die betreffende Person würgen.

Der heilige Thomas von Aquin spricht von diesen Anfechtungen und Angriffen durch die Dämonen, wenn er schreibt: »Die bösen Engel fechten die Menschen an: einmal, indem sie zur Sünde reizen; und dazu werden sie von Gott nicht gesandt, sondern Gott lässt dies in der Weisheit seiner Ratschlüsse zu [...]. Damit der Kampf nicht ungleich sei, erhält der Mensch als Beistand die göttliche Gnade und den Schutz der Engel.«[6]

Wie schon erwähnt, sind die Dämonen von Natur aus viel mächtiger als die Menschen. Darum setzt Gott ihrem Treiben Grenzen und gewährt den Menschen die notwendigen Gnaden und den Schutz, um die dämonischen Bedrängungen zu überwinden. Diejenigen, die von Satan angegriffen werden, sollten auf Gott vertrauen und um Befreiung bitten in der Zuversicht, dass sie diese Angriffe mit Gottes Hilfe überstehen werden.

6 Thomas von Aquin, Summa theologica, I, q. 114, art. 1.

Tagebuch eines Exorzisten 8

Wenn man einen Klempner braucht – oder Weihwasser

Ich erinnere mich an einen sehr komplizierten Fall eines Exorzismus. Die in der besessenen Person anwesenden Dämonen hatten einen hohen Rang und waren deshalb sehr mächtig. Es war ein langer, schrecklicher Kampf.

An einem Punkt des eineinhalb Jahre dauernden Prozesses stellte sich im Pfarrhaus eines Priesters, der mir assistierte, ein Problem ein. Die Rohrleitungen waren verstopft und die Toiletten konnten nicht mehr benutzt werden. Dieser Zustand hielt mehr als eine Woche an. Mehrmals kamen die Klempner ins Haus, doch sie konnten keine Verstopfung feststellen. Sie versicherten ihm, dass sein komplettes Abwassersystem in Ordnung sei. Aber weshalb funktionierte es dann nicht?

Irgendwann erwähnte er die Sache mir gegenüber und als ich erkannte, dass es sich dabei wohl nicht um ein technisches Problem handelte, riet ich ihm: »Versuchen Sie es einmal mit Weihwasser und schütten Sie es in die Leitungen hinein.« Er befolgte meinen Rat und sofort danach funktionierte alles wieder reibungslos.

Die Dämonen quälen uns nur zu gern. Da Gott ihnen aber nicht erlaubt, uns ernsthaft zu verletzen, tun sie, was immer sie können, um uns in Versuchung zu führen, zu ängstigen, zu bedrängen und uns einzuschüchtern. Wie ich auch in Gegenwart meines Teams immer betone: Lassen Sie sich durch solche pubertären Tricks nicht verunsichern. Jesus ist der Herr! Vertrauen Sie auf ihn.

Allerdings zeigt dies eines: Manchmal braucht man einen Klempner im Leben, ein anderes Mal bedarf es jedoch des Weihwassers.

Theologische Betrachtung

Dämonen versuchen, uns in dieser Welt heimzusuchen und zu beherrschen

Engel und Dämonen sind überall. Ihre genaue Zahl kennen wir nicht. Wir wissen jedoch, dass sie sehr groß sein muss. Der heilige Thomas schreibt: »Demnach sagen wir, dass die Engel, auch insofern sie an sich bestimmte, stofflose Substanzen sind, in einer überaus großen Anzahl geschaffen worden sind, die jegliche Menge im Stoffe übersteigt.«[7] Er stellte auch fest: »Ich antworte, dass mehr Engel treu geblieben sind wie gefallen.«[8]

Einige Theologen schätzen, dass ein Drittel der Engel aus dem Himmel hinausgeworfen wurde und sich in Dämonen verwandelte, so wie es in der Offenbarung geschrieben steht: »Ein Drache, groß und feuerrot. Sein Schwanz fegte ein Drittel der Sterne vom Himmel und warf sie auf die Erde herab« (Offb 12,3–4). Der italienische Ordensmann und Priester Pater Pio (1887–1968) sagte: »Es gibt so viele [Dämonen], dass, wenn jeder von ihnen die Form eines kleinen Sandkorns annehmen könnte, sie die Sonne ganz verdecken würden.«[9]

Die heiligen Engel haben im Gegensatz dazu nach dem Willen Gottes den Auftrag, uns zu beschützen und zu be-

7 Thomas von Aquin, Summa theologica I, q. 50, art. 3.

8 Ebd., I, q. 63, art. 9.

9 Associazione Amici di Carlo Acutis, Saint Pio of Pietrelcina, Real Presence Eucharistic Education and Adoration Association, http://www.therealpresence.org/eucharst/misc/Angels_Demons/ANGES_pietralcina.pdf.

gleiten. Sie versuchen nicht, uns zu beherrschen und zu bestimmen. Sie sind Werkzeuge der Liebe Gottes und stärken unsere Freiheit. Die Dämonen sind auf Beherrschung, Kontrolle, Dominanz und letztendlich Zerstörung aus. Darum suchen sie Orte heim, um diese unter ihre Herrschaft zu bekommen. All das dient ihren üblen Absichten.

Wenn ihnen Zugang gewährt wird, entweder durch die Sünde eines Menschen oder auf seine Einladung hin, dann sind die Dämonen durchaus in der Lage, Menschen oder Orte dauerhaft in Besitz zu nehmen. Menschen, die zum Beispiel okkulte Praktiken ausüben, laden Satan damit ein, und er wird versuchen, sie zu beherrschen und Macht über sie auszuüben. Außerdem versuchen Dämonen auch Orte, an denen sündhafte oder okkulte Handlungen praktiziert wurden, in Besitz zu nehmen und zu ihrem Herrschaftsbereich zu erklären. Dementsprechend besetzen sie auch Häuser und ganze Gebiete. Viele sogenannte Geisterhäuser werden tatsächlich von Dämonen heimgesucht.

Wenn also ein spirituell sensibler Mensch einen Dämon bei einer Person »sieht« oder an einem Platz oder einem mit einem Fluch behafteten Gegenstand, dann heißt das, dass der Dämon eine Art Bindung und Kontrolle aufgrund eines sündhaften Verhaltens oder durch eine direkte Einladung durchsetzen konnte. Zahllose Dämonen tun nichts lieber, als Menschen, Gegenstände und Orte in Gottes Schöpfung zu kontrollieren.

Und für eine begrenzte Zeit ist es dem Teufel und seinen Dämonen auch erlaubt, Chaos über diese sichtbare Welt zu bringen. Wenn jedoch das Ende der Zeiten kommt, werden sie für immer in die Hölle verbannt werden und ihr Einfluss wird nur noch auf den Bereich der Hölle beschränkt sein.

Tagebuch eines Exorzisten 9

Die Gabe der Unterscheidung der Geister

Ein weiser alter Exorzist empfahl mir einmal: »Bete um die Gabe der Unterscheidung der Geister, um diesen Dienst ausführen zu können. Du wirst sie brauchen.« Die Unterscheidung der Geister ist eine tägliche Herausforderung für einen Exorzisten.

Heute habe ich die vielen Anfragen durchgesehen, die mir vorliegen. Eine Frau berichtete, dass sie vor Kurzem in einer »aufkommenden Erinnerung« wieder erlebt habe, wie sie im Alter von zweieinhalb Jahren von Satanisten rituell missbraucht worden war und dass sie nun vom Teufel besessen sei. Sie beklagte sich über drei Exorzisten, die bereits versucht hätten, ihr zu helfen, aber gescheitert seien. Hm. Das ist möglich, doch sollten gleich drei Exorzisten gescheitert sein? Nein, diesen Fall werden wir nicht übernehmen.

Eine Frau mittleren Alters beklagte sich, dass sie von drei Dämonen besessen sei, die von Amtspersonen auf sie übertragen worden seien. Sie könne diesen Fall jedoch nicht bei der Polizei anzeigen, weil die mit den Übeltätern unter einer Decke stecke. Paranoid! Also auch »Nein«.

Dann habe ich eine E-Mail voller unzusammenhängender Gedanken und bizarrer Theorien erhalten, in der eine Person behauptete, vom Teufel besessen zu sein. Ein Fall fortgeschrittener Verwirrung. Nein.

Eine Nachricht erregte jedoch meine Aufmerksamkeit. Was die Person vorbrachte, klang ziemlich vernünftig. Sie berichtete von einer langen Reihe unerklärlicher Krankheiten. Sie war schon bei zahlreichen Ärzten gewesen und keiner konnte eine Ursache für ihre Leiden feststellen. Vor einiger Zeit hatte sie wieder begonnen, ihren Glauben zu praktizieren. Zwar hatte sie sich früher mit okkulten Praktiken befasst, doch schließlich war ihr bewusst geworden, dass das ein Fehler war. Nun wird sie jedes Mal krank, wenn sie die Kommunion empfangen möchte. Es fällt ihr auch immer schwerer, überhaupt eine Kirche zu betreten. Hm. Vielleicht.

Besonders die letztgenannten Phänomene sind eine genauere Betrachtung wert: Es könnte ein Fall von Umsessenheit, vielleicht sogar von Besessenheit vorliegen. Wir werden sie bitten, uns mehr Hintergrundinformationen zu geben und diese einem Psychologen vorlegen. Danach werden wir sie zu einem Treffen einladen, bei dem wir über ihr beten. Dort wird sich zeigen, wie sie auf die Gebete reagiert. Wir werden es sehen.

Es fällt mir nicht leicht, verzweifelte Menschen abzuweisen. Viele brauchen jedoch wahrscheinlich keinen Exorzismus trotz ihrer Proteste. Ich erinnere mich an einen anderen erfahrenen Exorzisten, der feststellte: »Wenn jemand dir gegenüber unbeirrbar darauf beharrt, dass er besessen sei, dann ist er es wahrscheinlich nicht. Wenn er sich jedoch angesichts seiner bizarren Symptome ehrlich überrascht zeigt, dann könnte er es tatsächlich sein.«

Möge Gott mir die Gabe der Unterscheidung und die Gnade gewähren zu helfen und zu heilen, wo immer ich kann.

Tagebuch eines Exorzisten 10

Mit wem verbindest du dich?

Eine Frau, die zu uns kam, hatte panische Angst. Zuerst hatte sie sich mit »Reiki« beschäftigt, einer Therapie, die auf universalistischer Aktivierung von Energie basiert und von der Katholischen Bischofskonferenz der Vereinigten Staaten verurteilt wird.[10] Als später ihr geliebter Vater starb, versuchte sie, durch »automatisches Schreiben« Verbindung mit ihm aufzunehmen. Sie war Linkshänderin, also nahm sie den Stift in ihre rechte Hand und rief den Geist ihres verstorbenen Vaters an. Der Stift begann tatsächlich sich zu bewegen und im Laufe von einigen Monaten erhielt sie viele liebevolle und tröstende Botschaften von ihrem verstorbenen Vater – jedenfalls dachte sie das.

Dann begannen die Botschaften immer schlimmer zu werden. Sie wurden gemein und bedrohlich. Nun begriff sie allmählich, dass sie die ganze Zeit nicht mit ihrem geliebten Vater in Kontakt gewesen war. Vielmehr handelte es sich um einen bösen Geist. Sie fürchtete sich!

Wir empfahlen ihr dringend, sofort mit dieser Totenbeschwörung aufzuhören und das Sakrament der Beichte zu nutzen, um

---

10 Committee on Doctrine, United States Conference of Catholic Bishops, »Guidelines for Evaluating Reiki as an Alternative Therapy«, USCCB, March 25, 2009, https://www.usccb.org/resources/evaluation-guidelines-finaltext-2009-03_0.pdf.

diese Sünde zu bekennen. In aller gebotenen Form widersagte sie diesen Praktiken und wir beteten Befreiungsgebete über ihr. Erfreulicherweise wich der böse Geist von ihr und kehrte offensichtlich nicht wieder zurück.

Die Leute fragen mich oft nach den vielen unchristlichen spirituellen Praktiken – Yoga, Reiki, Ouija-Bretter, spiritistische Sitzungen, weiße Magie und Ähnliches – und wollen wissen, wie ich darüber denke. Die Antwort ist ganz einfach: Wenn man sich nicht an den einzigen wahren Gott und an Jesus, seinen Sohn, (oder an die selige Jungfrau Maria, die Heiligen, den Erzengel Michael und die anderen guten Engel) wendet, dann bleibt nur eine andere spirituelle Option, und das ist Satan.

Tagebuch eines Exorzisten 11

Verprügeln sich die Dämonen gegenseitig?

Gestern waren wir gerade dabei, mit Gottes Hilfe durch einen Exorzismus den letzten Dämon aus einer Person auszutreiben. Als er sich offenbarte, sah uns die Person (der Dämon) mit einem ängstlichen Gesichtsausdruck an. Ich befahl dem Dämon, uns zu sagen, warum er die Person nicht verlassen wolle. Er sagte: »Die anderen werden mich verprügeln. Sie nennen mich einen Feigling.« Man sah ganz klar, dass der Dämon Angst hatte.

Das erinnert mich an einen Fall, mit dem wir es vor ein paar Jahren zu tun hatten. Als die Dämonen schwächer wurden, konnten sie sich meinen Fragen nicht verweigern und waren gezwungen, Antworten zu geben. Wenn Dämonen beginnen, dem Exorzisten Gehorsam zu leisten, ist das ein Zeichen, dass ihre Widerstandskraft nachlässt und sie kurz davor sind, die Person zu verlassen.

Als ich die Dämonen über hilfreiche Informationen ausfragte, wie viele von ihnen noch anwesend seien, wie ihre Anführer hießen und welche sachdienlichen Informationen sie sonst noch hätten, bemühten sie sich, nicht darauf zu antworten. Als ich wissen wollte, warum, sagte der Anführer: »Die anderen werden mich verprügeln. Sie sind schon jetzt verärgert darüber, dass ich dies preisgegeben habe.«

Einige Mystiker hatten Visionen von der Hölle. Sie sahen, wie die Dämonen die Menschen in der Hölle quälten. Es ist ausgesprochen grauenhaft. Die Dämonen verprügeln sich jedoch auch gegenseitig. Sie behalten die Hierarchie der Engel auch in der Hölle noch strikt bei und fordern von den niederen Rängen sklavische Ergebenheit. Dies erreichen sie durch Drohungen und Schläge, mit denen sie sich untereinander traktieren. Auch wenn man das kaum glauben mag – genau diese Erfahrungen machen wir als Exorzisten.

In der Hölle gibt es keine Demokratie. Sie ist ein Ort der sklavischen Unterwerfung, der Qual und der Gewalt. Die Dämonen kennen es nicht anders, es entspricht ihrem Wesen.

Theologische Betrachtung

Die Rangordnung der Dämonen

Der heilige Thomas schreibt, dass nicht alle Engel über die gleiche Weisheit und Macht verfügen, sondern dass sie vielmehr in neun verschiedene Chöre aufgeteilt sind und sich im Rahmen einer natürlichen Hierarchie von den höheren bis zu den niederen Chören gliedern.[11] Obwohl die Beschreibung dieser Chöre je nach Autor (Augustinus, Aristoteles usw.) leicht variieren kann, beruft sich der heilige Thomas auf die Heilige Schrift, wenn er sie von oben nach unten wie folgt einteilt: Seraphim, Cherubim, Throne, Herrschaften, Mächte, Gewalten, Fürsten, Erzengel und Engel.[12]

Nach dem Fall Satans und seiner Gefolgschaft behielten die Dämonen ihre herkömmliche Rangordnung bei, wobei die ranghöheren über mehr Intelligenz und Macht verfügen als die niederen Dämonen. Unsere Erfahrungen zeigen, dass es eine enorme Differenzierung in der Verteilung der Macht gibt, wenn wir versuchen, einen höherrangigen Dämon gegenüber einem Dämon niederen Ranges durch Exorzismus auszutreiben. Es ist viel leichter, Dämonen eines niederen Ranges auszutreiben. Wenn man jedoch auf einen Dämon eines höheren Ranges trifft, wird es um ein Vielfaches schwieriger.

In der Hölle besteht eine Art Ordnung, die nicht auf Liebe und Eintracht beruht, wie es im Himmel der Fall

11 Thomas von Aquin, Summa theologica, I, q. 108, art. 3, ad 1.

12 Ebd., I, q. 108, art. 5.

ist, sondern auf Beherrschung, Angst und Unheil. Der heilige Thomas schreibt: »Nun besteht in den Naturen der Dämonen eine gegenseitige Ordnung, wonach die einen den anderen untergeordnet sind. [...] Die Dämonen sind von Natur ungleich; also besteht bei ihnen von Natur eine Vorsteherschaft.«[13] Und er fügt hinzu: »Also sind auch die Tätigkeiten der einen untergeordnet den Tätigkeiten der anderen.«[14]

Aufgrund ihrer Verschlagenheit, ihrer Selbstsucht und ihres alles verzehrenden Hasses wird in der Hölle jede Art von Herrschaft auf die brutalste Art und Weise ausgeübt. Sie ist eigensüchtig, brutal und sadistisch.

Eine besondere Ironie liegt in der Tatsache, dass die Dämonen sich einst weigerten, ihrem liebevollen Schöpfer Gehorsam zu leisten, was ihnen vollkommene Freiheit garantiert hätte. Stattdessen endeten sie als Sklaven höherrangiger Dämonen und schließlich Satans. Sie endeten als »Sklaven der Sünde« entsprechend der Warnung Jesu (Joh 8,34).

---

13 Ebd., I, q. 109, art. 2, ad 3.
14 Ebd., I, q. 109, art. 2.

Tagebuch eines Exorzisten 12

Von Dämonen mit Schmutz überzogen

Nach einigen Minuten des Betens manifestierten sich die Dämonen. Sie zeigten mit dem Finger auf mich und veranlassten die Besessene, ihren Kopf zu schütteln. Ich gab ihnen den Befehl zu verschwinden, doch ihre Antwort war unmissverständlich: »Nein!«

Dann zeigte sich ein höhnisches, fieses Lächeln im Gesicht dieser Person. Falls es noch irgendeinen Zweifel an ihrer Besessenheit gegeben hatte, so war er hiermit beseitigt. In ihrem Blick lag eine unglaubliche Arroganz und eine vollkommene Verachtung. Da war keine Spur von Güte, Erbarmen oder Mitgefühl zu sehen – einzig und allein Verachtung.

Ich fühlte mich verhöhnt und buchstäblich »mit Schmutz überzogen«.

Also trat ich an sie heran, sah ihr fest in die Augen, hielt ein Kreuz einige Zentimeter vor ihr Gesicht und wiederholte die alte Formel: *Ecce crucem Domini; fugite partes adversae* (»Seht das Kreuz des Herrn, flieht, ihr feindlichen Mächte«) und besprengte die Person mit Weihwasser. Ihr Körper reagierte heftig. Bei einem Exorzismus erleiden die Dämonen durch das heilige Geschehen große Qualen, und wir glauben, dass diese noch schlimmer sind als selbst das Höllenfeuer. Sie winden sich vor Schmerzen.

Das Ganze nennt sich geistlicher Kampf und diese Bezeichnung trifft auch zu. Ein Betroffener, der vor Kurzem eine ähnlich intensive Sitzung durchmachte, war so erschöpft, dass er danach drei Tage brauchte, um sich wieder davon zu erholen. Als er nach dem Grund fragte, erklärte ich ihm: »Das ist ganz normal, besonders am Anfang. Ein Exorzismus ist ein schwerer Kampf, der auf der spirituellen Ebene viel Kraft kostet.«

Letzten Endes aber werden die Dämonen schwächer. Die Sitzungen werden weniger anstrengend. Die betroffene Person gewinnt an geistiger Widerstandskraft. Der Hochmut der Dämonen fällt in sich zusammen und schließlich verschwinden sie mit einem Wimmern.

Am Ende jeder Sitzung sprechen wir ein »Reinigungsgebet«. Wir bitten darum, dass das Blut Christi uns reinigen möge von jeglichem Bösen, das uns möglicherweise noch anhängt. Wir brauchen diese »geistliche Reinigung«. Die Arroganz und Anwürfe der Dämonen, mit denen wir konfrontiert werden, sind grässlich. Sie werden jedoch durch die Gnade Gottes vollkommen bereinigt.

Tagebuch eines Exorzisten 13

Zweite Runde

Bei einem sehr schwierigen Fall war eine Einzelperson besessen und anfangs von fast 900 Dämonen heimgesucht, was die Dämonen nur unter erheblichem Druck preisgaben. Nachdem wir über ein Jahr lang gebetet hatten, begann die Anzahl der Dämonen langsam abzunehmen, was uns mit Hoffnung erfüllte.

Als wir einmal eine Exorzismus-Sitzung beendeten, hatte sich die Anzahl der Dämonen auf 704 reduziert. Zu Beginn der darauffolgenden Sitzung fragte ich jedoch, wie viele noch anwesend seien, und sie sagten: »720.« Ich wiederholte die Zahl: »720? Ich dachte, es waren 704.« Eine schadenfrohe und triumphierende Antwort kam zurück: »Runde zwei!« Mist! Die Dämonen hatten Verstärkung erhalten.

Dadurch gaben sie indirekt zu, dass sie »Runde eins« verloren hatten und ihre Truppe schwächer wurde. Wenn die gesamte »Kolonie« der Dämonen bei einer besessenen Person nach vielen Stunden des Gebets während des Exorzismus schwach genug geworden ist, beginnen die Dämonen recht schnell, sie zu verlassen.

Deshalb haben sie nach Verstärkung gerufen. Es stellte sich dann heraus, dass der Anführer dieser neuen Gruppe Gressil war, ein bekannter und mächtiger Dämon. Doch nach einigen weiteren Sitzungen waren Gressil und der Rest ausgetrieben. Runde zwei ging an Jesus!

Kürzlich hatten wir es mit einem Fall von zwei Anführern der Dämonen und ihrer Gefolgschaft zu tun. Dann bemerkte eine begnadete Mitarbeiterin unseres Teams, die Dämonen buchstäblich sehen kann, dass plötzlich ein weiterer Dämon auf der Bildfläche erschien. Als ich sie fragte, woher er gekommen sei, zuckte sie mit den Achseln.

Verstärkung. Ach je.

Wir schlugen uns spirituell lange mit ihnen herum, bis sie schließlich die besessene Person verließen. Den Rest des Tages verbrachte ich – geistig erschöpft – im Bett. Auch das begnadete Mitglied unseres Teams war drei Tage lang außer Gefecht gesetzt. Es besteht kein Zweifel daran, dass die Dämonen unsere Energie aufsaugen. Wir mussten geistig gesehen einen hohen Preis bezahlen, um diese Dämonen mit ihrer Verstärkung auszutreiben, doch das war es wert.

Die Kolonie der Dämonen kann bei einer Person verstärkt werden. Es gibt sicherlich viele Dämonen in der Hölle, die umherstreifen. Glücklicherweise lässt der Herr es jedoch nicht zu, dass das allzu häufig geschieht. Zu Beginn jeder Sitzung beten wir Exorzisten das Schutzgebet (siehe dazu die nachfolgendeTheologische Betrachtung) und bitten die guten Engel, eine Verstärkung der Dämonen zu unterbinden. In der Regel ist das auch erfolgreich, doch manchmal wird ihnen gestattet, nach Verstärkung zu rufen.

Obwohl es schlecht ist, wenn dies geschieht, ist das Gute dabei doch, dass die Dämonen, die zur Verstärkung kommen, weniger Macht über die betreffende Person ausüben können und deshalb leichter auszutreiben sind.

Theologische Betrachtung

Das Schutzgebet

Zu Beginn einer Exorzismus-Sitzung spricht der Exorzist üblicherweise das Vorbereitungsgebet, um Satan daran zu hindern, bei einer Person die Anwesenheit von Dämonen zu verstärken. Mit diesem Gebet bittet der Exorzist Gott, den Allmächtigen, einen »Schutzkreis« um die betreffende Person und um das ganze Team zu ziehen, »innerhalb dessen Satan und alle anderen bösen Geister ... den anwesenden Dämonen weder Kraft noch Hilfe zukommen lassen können, sodass sie taub, stumm und blind und unfähig werden, um Hilfe zu rufen oder Verstärkung durch andere böse Geister zu erhalten und somit isoliert sind«.

Der Exorzist bittet auch um Gottes Gnade, damit die Dämonen ihre Macht über die Person nicht verstärken, ihr Bleiben nicht verlängern und ihre Fähigkeit anzugreifen oder sich zu verbergen nicht ausweiten können. Somit betet der Exorzist dafür, dass die Dämonen bei der betroffenen Person isoliert werden und nicht in der Lage sind, Unterstützung von Satan oder irgendeinem anderen Dämon zu erhalten. Natürlich steht es Gott frei, dieses Gebet nach seiner Vorsehung zu erhören oder auch nicht.

Es gab schon Exorzismus-Sitzungen, in denen die besessene Person behauptete, andere Dämonen im Zimmer wahrzunehmen. Wir hatten auch schon den Fall, dass die Dämonen bei einer besessenen Person andere Dämonen zu Hilfe riefen. In einem solchen Moment exorziert einer der anwesenden Priester den Raum, während wir anderen die Dämonen bei der betreffenden Person austreiben. Auf diese Weise vertreibt er die Dämonen, die im Raum »herumlungern«.

Tagebuch eines Exorzisten 14

Pass auf, dass du keine Dämonen isst

Vor einiger Zeit habe ich zusammen mit einer der begnadeten Team-Mitarbeiterinnen zu Mittag gegessen. Sie gehört zu den spirituell sensiblen. Es ist ein Segen, dass mehrere davon unserem Team angehören. Diese Person hat die Gabe, Dämonen sehen zu können. Der Kellner stellte die Teller vor uns auf den Tisch, doch meine Begleiterin fing nicht an zu essen. Es war spürbar, dass sie sich unbehaglich fühlte. Schließlich blickte sie von ihrem Teller auf und sagte: »Wollen Sie das Essen nicht segnen?«

Ihr Verhalten zeigte mir, dass irgendetwas in der Luft lag. Als ich fragte: »Stimmt etwas mit dem Essen nicht?«, nickte sie, sagte aber nichts. Ich äußerte meinen Verdacht: »Sind Dämonen auf dem Essen?« Ruhig antwortete sie mit »Ja«.

Ich segnete das Essen wie üblich. Sie sagte, dass die Dämonen daraufhin eiligst verschwunden seien. Doch als das Dessert gereicht wurde, zögerte sie wieder. Somit fragte ich erneut: »Sind darauf auch Dämonen?« Wieder flüsterte sie: »Ja.« Dieses Mal ließ ich sie den Segen über das Dessert sprechen und auch diese Dämonen zogen sich zurück.

Das wirft natürlich die Frage auf, was wohl in dieser Küche vor sich ging. Soweit ich weiß, ist es selten vorgekommen, dass diese Person Dämonen auf den Speisen wahrgenommen hat. Es stellt sich die Frage, ob jemand von der Küchenmannschaft das Essen verflucht hat, bevor es serviert wurde. Das mag absonderlich klingen, doch meine Erfahrung hat mich gelehrt, dass es mehr Leute gibt, die Dinge verfluchen und okkulte Praktiken ausüben, als ich es mir anfangs hätte vorstellen können.

Ich weiß nicht sicher, was geschehen wäre, wenn wir das von Dämonen belastete Essen zu uns genommen hätten. Zweifellos wäre es nicht angenehm gewesen. Wahrscheinlich hätte ich es für eine allgemeine Magenverstimmung oder Ähnliches gehalten.

Was lehrt uns diese Geschichte? Sie können sicher sein, dass ich seit dieser Erfahrung jede Mahlzeit sorgfältig segne, bevor ich zu essen beginne. Denn wer verspeist schon gerne Dämonen?

Theologische Betrachtung

Die spirituell Sensiblen

Im Zentrum eines jeden Exorzismus steht ein Priester, der fähig und bevollmächtigt ist, den Exorzismus nach dem offiziellen Rituale der Kirche durchzuführen und die Gebete zu sprechen. Somit ist es das Gebet der ganzen Kirche, das durch den Priester mit der von Christus verliehenen Vollmacht gesprochen wird. Christus und der Kirche gegenüber sind die Dämonen hilflos.

Die Exorzisten verlassen sich jedoch oft auf die Gaben der »spirituell sensiblen« oder »begnadeten« Menschen, die sie unterstützen. Diese Menschen haben Charismen oder besondere Gaben von Gott erhalten, welche für Exorzisten oft sehr hilfreich sein können. Einige Theologen wie Alois Wiesinger OCSO in dem Buch *Okkulte Phänomene im Lichte der Theologie* äußern die Überzeugung, dass menschliche Wesen vor dem Sündenfall von Adam und Eva über eine Fülle von übernatürlichen Gaben verfügten, wie zum Beispiel die Wahrnehmung von Engeln und Dämonen. Nach dem Sündenfall blieben Überreste dieser Fähigkeiten in manchen Menschen erhalten.

Es gibt viele Arten von übernatürlichen Gaben, doch wir Exorzisten schätzen besonders jene Menschen, die die Anwesenheit von Dämonen wahrnehmen und die verschiedenen Arten der anwesenden Dämonen unterscheiden können. So nahm zum Beispiel ein begnadeter Priester in einer Exorzismus-Sitzung die Gegenwart eines Todesgeistes wahr. Das wurde an den Exorzisten weitergegeben, der daraufhin laut betete und den Dämonen des Todes befahl, die besessene Person zu verlassen.

Dämonen, die speziell identifiziert werden können, verleihen dem Exorzisten mehr Macht und sie können auch schneller ausgetrieben werden. In diesem Fall blickte die Person auf eine Reihe fehlgeschlagener Selbstmordversuche zurück und die Dämonen des Todes verließen sie. Die betreffende Person erfuhr eine umfassende Befreiung aufgrund dieser Exorzismus-Sitzung und dank der besonderen Gebete, durch die die Todesdämonen ausgetrieben wurden.

Tagebuch eines Exorzisten 15

Aus dem Gleichgewicht gebracht

Das war heute wieder einmal eine unschöne Sitzung. Die Dämonen manifestierten sich, waren widerlich und sehr bösartig. Sollte ich etwas anderes erwartet haben?

Es gibt eine Möglichkeit, um herauszufinden, ob die betroffene Person wirklich besessen ist: Man schaut der betreffenden Person ins Gesicht. Wenn sie von einem Dämon beherrscht wird, erkennt man die Person darin nicht mehr. Es ist vielmehr das vollkommen Böse, welches sich zeigt und zurückstarrt. Und das kann zermürbend sein.

Nach dieser Sitzung kam ich nach Hause und war aufgewühlt. Ich fühlte mich unwohl, mein Seelenfrieden war dahin und mir war zum Heulen zumute. Am liebsten hätte ich mich in eine Ecke verkrochen oder vielleicht einen großen Drink zu mir genommen. Doch solche menschlichen »Hilfsmittel« nützen nichts. Sie können das Gift des Bösen nicht beseitigen.

Ich ging in die Kapelle und übergab Gott mein Problem. Irgendetwas war in meinem Innersten aus dem Gleichgewicht geraten und das übergab ich Gott. Ich hatte ja versprochen, jeden Nachmittag eine Gebetszeit von etwa dreißig Minuten einzuhalten. Deshalb war ich nun da. Und langsam kam der Friede wieder zurück. Ich fand mein Gleichgewicht wieder und mein Herz kam zur Ruhe.

Eine solche Erfahrung hilft natürlich sehr bei der Diagnose eines Falles. Die Frau, um die es in der heutigen Sitzung ging, ist ganz eindeutig besessen. Einem Dämon Auge in Auge gegenüberzustehen raubt einem den inneren Frieden, den nur Gott wiederherstellen kann.

Das Amt eines Exorzisten bringt es mit sich, dass man dem Bösen in die Augen blickt – und das geschieht oft.

Es ist beunruhigend. Doch Gott kümmert sich um mich. Gott ist am Ende des Tages da, wenn man wieder aufgerichtet werden muss.

Theologische Betrachtung

Ein Blick in die Hölle der Dämonen

Jesus versprach seinen Jüngern: »Frieden hinterlasse ich euch, meinen Frieden gebe ich euch; nicht, wie die Welt ihn gibt, gebe ich ihn euch« (Joh 14,27). Eines der wunderbaren Geschenke, die Jesus seinen Jüngern verspricht, ist der göttliche Friede, den er schenkt. Dieser verhilft uns zu einer guten Beziehung zu Gott, zu den anderen und zu uns selbst. Und so erfahren wir ein tiefes Gefühl des inneren Friedens.

Diesen Frieden gibt es nicht in der Hölle. Wenn Gott und Jesus abgelehnt werden, ergibt sich ein Mangel an innerem Frieden. Die Hölle ist vielmehr ein Ort ständigen Unfriedens und Unwohlseins. Niemand, der Gott zurückweist, kann ein glückliches und friedvolles Leben führen. Vielleicht ist das auch ein Grund dafür, dass es heute so viel Gewalt und Unfrieden auf der Welt gibt.

Wenn man dem Bösen in die Augen blickt und ihm nahe genug kommt, um seine »Hölle« zu erleben, dann ist das schon sehr nervenzerrüttend. Liebe wird hier durch Hass ersetzt. Eintracht und Frieden werden durch Zwietracht und Gewalt ersetzt. Es ist schwer zu ertragen, einen solch immensen Hass und eine solche Gewaltbereitschaft zu spüren. Es bringt die eigene Seele durcheinander.

Ein Exorzismus hat nichts Glamouröses an sich. Es ist eine schlimme Angelegenheit, bei der die Mächte der Hölle sichtbar werden. Zuweilen tun die bei der Sitzung Anwesenden auch einen tiefen Blick in das Reich des Bösen. Glücklicherweise aber trägt Jesus stets den Sieg davon und sein Friede setzt sich durch.

Tagebuch eines Exorzisten 16

Der schreckliche Waldschrat

Es gibt eine Reihe von Fällen, in denen von Hunden (und Katzen) berichtet wird, welche in der Lage waren, die Anwesenheit von Dämonen aufzuspüren. Ich denke, einige von ihnen können sie tatsächlich sehen. In dem Buch *The Demon of Brownsville Road* ist die Rede von einem Hund, der sich nachts neben das Bett des Ehepaares legte, um sie zu beschützen, und bellte, wenn die Dämonen sich näherten.

Eine unserer begnadeten Mitarbeiterinnen, die Dämonen sehen kann, hat einen Hund, der ebenfalls die Anwesenheit von Dämonen spürt. Der Hund bellt, wenn Dämonen sich nähern, und zwar üblicherweise einige Augenblicke, bevor sie von ihr wahrgenommen werden. Das Bellen des Hundes dient ihr somit als frühzeitige Warnung, auch wenn sie meint, dass der Hund keine Hilfe dabei sei, sie wieder loszuwerden oder zu vertreiben. Offenbar haben Dämonen keine Angst vor Hunden und ignorieren sie einfach.

Es gibt auch einige sehr kleine Kinder, die Dämonen sehen können. Ein Priester erzählte mir von einem Mann, der ein Haus an einen älteren Herrn vermietet hatte. Unglücklicherweise benutzte der Mieter ein Ouija-Brett, um Tote herbeizurufen – ein absolutes Tabu! Der berühmte Film »Der Exorzist« beruht auf der Geschichte eines jungen Mannes, der ein solches Ouija-Brett über

Monate benutzte und dadurch besessen wurde. Ganz sicher wird das Haus des Mannes nun von Dämonen belagert.

Als der Mann, der das Haus vermietet hatte, nach dem Tod des Mieters mit dem Ouija-Brett aus dem Haus kam, erzählte seine kleine Tochter der Mutter, dass ein »schrecklicher Waldschrat« Papa gefolgt sei. Die Mutter begriff, was das Mädchen meinte, und erbleichte. Kein Zweifel, es war ein Dämon.

Wenn wir älter werden, verlieren wir die kindhafte Einfachheit und damit auch die gelegentliche Fähigkeit, das Geistige zu sehen – Engel und Dämonen.

Theologische Betrachtung

Einfallstore für das Dämonische

Um festzustellen, ob ein Mensch besessen ist, nimmt der Exorzist die Vergangenheit der betreffenden Person genauer unter die Lupe, da er nach Einfallstoren sucht, durch die die Dämonen eingedrungen sein könnten.

Ein eindeutiges Einfallstor ist die Ausübung okkulter Praktiken. Das können Totenbeschwörungen, Hexerei, Zauberei oder Flüche, heidnische Rituale, Ouija-Bretter, Seancen, Voodoo, Ahnenkult oder andere heidnische oder dämonische Beschwörungen von Geistern sein. Besonders verhängnisvoll wirkt es sich aus, wenn jemand einen Pakt mit Satan schließt oder sich ihm weiht.

Es gibt weitere Einfallstore, die mit dem Begehen von schweren Sünden zusammenhängen. Langjähriger Drogen- und Alkoholmissbrauch oder andere Süchte können ebenfalls ein Einfallstor sein. Eine lange sündhafte sexuelle Betätigung kann auch zu einer Präsenz von Dämonen führen. Wir haben auch verheerende Auswirkungen von Abtreibungen festgestellt, besonders wenn Mitglieder der Familie regelmäßig Abtreibungen vornehmen. Jede Art von schwerer Sünde ist eine Einladung für Satan.

Menschen können aber auch ohne eigenes Zutun besessen werden. Ein Kindheitstrauma kann zu einem Einfallstor für eine dämonische Präsenz werden. Wir haben eine ganze Reihe von Menschen kennengelernt, die offenbar von dämonischen Aktivitäten heimgesucht werden, weil sie von einer anderen Person verflucht wurden. Flüche können besonders wirksam sein, wenn sie von Menschen ausgesprochen werden, die okkulte Dinge praktizieren, oder von Angehörigen der eigenen Familie, zu denen ein Abhängigkeitsverhältnis besteht, wie der Vater oder die Mutter.

All das sind mögliche Einfallstore, die es Satan und seinen Dämonen erlauben, in das Leben eines Menschen hineinzukommen. Manchmal werden die Leute aufgrund solcher Handlungen besessen. Ein andermal spüren sie einen geringeren Einfluss der Dämonen wie etwa eine dämonische Umsessenheit. Es gibt aber auch einige Leute, die trotz geöffneter Einfallstore gerade noch mal so davonkommen und nicht Ziel von Satans außergewöhnlichen Umtrieben werden. Doch diese Handlungen werden wahrscheinlich auf irgendeine Art eine schädliche Auswirkung auf die betreffende Person haben. Letzten Endes bleibt es ein Geheimnis, warum manche Leute unter den gleichen Voraussetzungen besessen werden und andere wiederum nicht.

Tagebuch eines Exorzisten 17

Du dämlicher Priester

Etwas, was ein Exorzist schnell lernt, ist die Tatsache, dass Dämonen Priester *hassen*! Während einer intensiven Sitzung offenbarte sich der Dämon. Er starrte mich durch die besessene Person voller Wut und Abscheu an und stieß durch sie hervor: »Ich hasse den Tag, an dem sie dich kennenlernte!«

Es ist immer ein aufschlussreicher Augenblick, wenn die Person, über der wir beten, dem Priester einen bösen und zornigen Blick zuwirft und ihn anfährt: »Du dämlicher Priester!« Bekäme ich einen Dollar für jedes Mal, wenn ich das zu hören bekomme, wären die finanziellen Mittel für unseren Dienst für immer gesichert. Es ist einer der am häufigsten gebrauchten Ausdrücke. Wenn wir ihn zu hören bekommen, bestätigt er unsere Diagnose, dass die Person tatsächlich besessen ist.

Wir glauben, dass Christus sich durch die sakramentale Weihe in einzigartiger Weise mit dem Priester verbindet. Wenn die Dämonen somit einen Priester anschauen, sehen sie in Wirklichkeit das Gesicht Christi. Das verursacht ihnen unglaubliche Qualen.

Wenn die Dämonen sich besonders höhnisch gebärden und mich voller Abscheu anblicken, sage ich oft: »Ich befehle euch, dass ihr, wenn ihr mich anseht, das Antlitz Christi erblickt.« Dieser Befehl wischt im Nu den höhnischen Ausdruck von ihren

Gesichtern und sie ziehen furchtsam ihre Köpfe ein. Manchmal fangen sie auch an zu wimmern und zu weinen. Dämonen sind Feiglinge und ein Nichts in der Gegenwart Jesu.

Theologische Betrachtung

Können Laien Dämonen austreiben?

Der Codex des kanonischen Rechtes der katholischen Kirche sieht in Can. 1172 Folgendes vor:

§ 1. Niemand kann rechtmäßig Exorzismen über Besessene aussprechen, wenn er nicht vom Ortsordinarius eine besondere und ausdrückliche Erlaubnis erhalten hat.
§ 2. Diese Erlaubnis darf der Ortsordinarius nur einem Priester geben, der sich durch Frömmigkeit, Wissen, Klugheit und untadeligen Lebenswandel auszeichnet.

Somit ist dieser Dienst, wenn eine Person wirklich besessen ist, nur einem dafür eingesetzten Priester vorbehalten.

Der Große Exorzismus ist komplex und häufig auch schwierig. Außerdem kann er sich, geistlich gesehen, auch gefährlich auswirken, wenn er nicht fachgerecht durchgeführt wird. Eine gute Schulung und Erfahrung unter Überwachung von anderen ist erforderlich. Man möchte ja auch nicht, dass ein Chirurg eine Herzoperation vornimmt, der weder über Übung noch Erfahrung auf diesem Gebiet verfügt. Außerdem ist der Priester durch die sakramentale Weihe geschützt und führt seinen Dienst *in persona Christi capitis* (in der Person Christi, des Hauptes) durch, wodurch der Dienst auf geistlichem Gebiet sicherer und fruchtbarer wird.

In der Kirchengeschichte gab es Ordensleute und Laien, die ein besonderes Charisma hatten, das sie in die Lage versetzte, Dämonen auszutreiben. Dies war auf ihre große Heiligkeit zurückzuführen. Die heilige Katharina von Siena (1347–1380) wurde manchmal von den örtlichen Priestern gebeten, einen Exorzismus bei besessenen Personen durchzuführen, weil sie selbst dazu nicht in der Lage waren. Es gelang ihr sehr gut, die Dämonen auszutreiben, wie es auch bei anderen begnadeten Heiligen der Fall war.

Die meisten Leute mit dämonischen Problemen zählen allerdings nicht zu den vollkommen besessenen und brauchen deshalb auch keinen Großen Exorzismus. Sie können unter einer dämonischen Umsessenheit oder Bedrängnis leiden, bei denen sogenannte Befreiungsgebete oder ein Kleiner Exorzismus nützlich sein können. Alle können Befreiungsgebete sprechen. Sie können die Macht Gottes in Jesu Namen anrufen, um Dämonen auszutreiben. Um ihrer eigenen geistigen Sicherheit willen ist es jedoch wichtig, dass sie sich im Stand der Gnade befinden, geistlich vorbereitet sind und zu einem solchen Dienst berufen wurden.

Allgemein wird Laien empfohlen, dass sie die Dämonen niemals direkt ansprechen oder »befehlende« Gebete an sie richten, mit denen den Dämonen geboten wird auszufahren. Sie sollten sich mit ihren Befreiungsgebeten eher direkt an Gott, Jesus, die Muttergottes, die Heiligen oder die Engel wenden. Solche Gebete nennt man Fürbittgebete. Es hat Fälle gegeben, in denen den Laien die Sache auf der geistlichen Ebene über den Kopf gewachsen ist, als sie die Dämonen direkt angesprochen haben. Deshalb dienen die Beschränkungen der Kirche in Bezug auf die Frage, wer einen Großen Exorzismus durchführen darf, der Sicherheit aller. Auch bei der Verrichtung von Befreiungsgebeten oder der Anwendung des Kleinen Exorzismus sollte man eine gewisse Vorsicht walten lassen.

Tagebuch eines Exorzisten 18

In der Gegenwart von Engeln leben

Man kann unseren Befreiungsdienst auch als ein Werk der Engel betrachten. Der Erzengel Michael und seine Legionen haben Luzifer und seine gefallenen Engel aus dem Himmel verjagt. Diese Arbeit setzen wir hier auf der Erde fort. Dabei schätzen wir uns glücklich, dass es uns erlaubt ist, an diesem Werk teilhaben zu dürfen. Somit sollten wir uns in der »Atmosphäre der Engel« bewegen.

Als Exorzisten führen wir unseren Dienst inmitten der Engel aus, von denen wir umgeben sind. Ein Mystiker hat mir erzählt, dass bei jedem Exorzismus mindestens ein Engel aus der Rangordnung der »Mächte« gegenwärtig ist, der Hilfe leistet. Bei komplizierteren Exorzismus-Sitzungen waren schon bis zu acht im Raum anwesend.

Wir müssen uns mehr von den weltlichen Werten lösen und uns gezielt auf das spirituelle Reich ausrichten, um uns in der »Atmosphäre der Engel« zu bewegen. Und indem wir viel bewusster in ihrer Gegenwart leben, werden sie schließlich unsere Freunde und Begleiter. Wir leben in guter Gesellschaft und das macht uns froh.

Theologische Betrachtung

Der heilige Michael und die himmlischen Mächte

Die katholische Kirche versteht die Worte aus dem Buch der Offenbarung wörtlich, die den Kampf beschreiben, den der heilige Michael und seine Engel sich mit Luzifer und seinen Dämonen geliefert haben: »Da entbrannte im Himmel ein Kampf; Michael und seine Engel erhoben sich, um mit dem Drachen zu kämpfen. Der Drache und seine Engel kämpften, aber sie hielten nicht stand [...]. Er wurde gestürzt, der große Drache, die alte Schlange, die Teufel oder Satan heißt und die ganze Welt verführt; der Drache wurde auf die Erde gestürzt und mit ihm wurden seine Engel hinabgeworfen« (Offb 12,7–9).

Jesu Tod und seine Auferstehung haben Satans Reich endgültig überwältigt und zerstört. Doch der geistliche Kampf um die Seelen tobt auf dieser Erde nach wie vor und der heilige Erzengel Michael und seine Engel führen mit Satan um unseretwillen weiterhin Krieg. Bei einem Exorzismus sind die Engel besonders präsent, da dies eindeutig ein Moment der geistlichen Kriegsführung ist.

Man geht davon aus, dass bei einem Exorzismus von den neun Engelschören der Rang der »Mächte« in besonderem Maße anwesend ist. Diese Engel haben einen höheren Rang als die Schutzengel und deshalb mehr Macht, Beistand beim Austreiben der Dämonen zu leisten.

Der heilige Erzengel Michael, Beschützer der Menschen und Führer der himmlischen Heerscharen, die Luzifer hinausgeworfen haben, fährt fort, mithilfe der himmlischen Heerscharen die Angriffe Satans abzuwehren – was besonders bei einem Exorzismus geschieht. In der christlichen Ikonografie wird Michael üblicherweise mit einem Schwert in der Hand und Satan unter seinen Füßen dargestellt. Natürlich empfinden Exorzisten deshalb eine starke Verbundenheit mit dem heiligen Michael und rufen ihn besonders oft um Hilfe an.

Tagebuch eines Exorzisten 19

Judas austreiben

Auf einer Konferenz für Exorzisten, die kürzlich stattfand, berichtete ich von einem schwierigen Exorzismus, der sich beinahe über zwei Jahre hingezogen hatte. Während einer Exorzismus-Sitzung meldete sich einmal ein bösartiges Wesen und sagte durch den Mund der besessenen Person, dass sein Name »Judas« sei. Ich bestand darauf, von ihm zu erfahren, ob es sich um einen Dämon handelte, der diesen Namen benutzte, oder ob er wirklich der Judas sei, der Jesus verraten hatte. Mit einem Anflug von Scham in der Stimme schleuderte er mir entgegen, dass es sich bei ihm tatsächlich um den Menschen »Judas« handelte.

Zwar ist die Frage unter einigen Exorzisten umstritten, ob gefallene Seelen vom Körper eines Besessenen Besitz ergreifen können, doch bestätigten andere Exorzisten, dass auch sie auf Judas, den abtrünnigen Jünger, gestoßen seien. Obwohl es kein Glaubenssatz ist, so vermittelt die Bibel doch den Eindruck, dass Judas tatsächlich in der Hölle ist.

Während der Konferenz erinnerte ich mich daran, wie schwer es gewesen war, Judas auszutreiben. Andere hochrangige Dämonen konnten leichter ausgetrieben werden. Es schien, als ob Judas unempfindlich auf das Rituale des Exorzismus reagierte, auf Weihwasser und alles andere, was wir aufboten. Schließlich, wie die anderen Dämonen auf meine Befragung von sich gaben, war es die Muttergottes, die gekommen war, um Judas auszutreiben. Weshalb hatten wir gerade mit einem einfachen menschlichen Wesen solche Probleme, während wir andererseits in Jesu Namen mächtige Dämonen austreiben konnten?

Einer der Teilnehmer bestätigte, dass er und sein Team die gleichen Schwierigkeiten mit Judas gehabt hatten. Irgendwann begriffen sie jedoch, dass Jesus seinen Jüngern die Macht gegeben hatte, Dämonen auszutreiben, jedoch nicht gefallenen menschlichen Wesen. Das ergab einen Sinn. Über Judas hatten wir einfach keine Macht. Er war kein Dämon. Glücklicherweise kam die Mutter Jesu und trieb ihn selbst aus. Sie wusste, dass wir ihre Hilfe brauchten.

Auf dieser Konferenz war es auffällig, wie sehr sich in diesem und vielen anderen Punkten die Erfahrungen der Exorzisten ähnelten, die an ganz verschiedenen Orten tätig waren. Dass wir alle so viele Übereinstimmungen in unseren Erfahrungen feststellen konnten, war für uns eine große Bestätigung. Es existiert eine außergewöhnlich konkrete, objektive Welt der Dämonen, auf die wir treffen.

Tagebuch eines Exorzisten 20

Dämonen hassen die Hölle

Dämonen wollen sich an besessenen Menschen festklammern. Während eines Exorzismus verfallen sie immer wieder ins Jammern und sagen, dass sie nicht weggehen wollen. Das erinnert mich an die Dämonen, die unter dem Namen »Legion« in der Bibel erwähnt sind und die Jesus, der sie austreiben wollte, baten, in die Schweine fahren zu dürfen (vgl. Mk 5,1–20). Offenbar wollen sie nicht in die Hölle zurück, diesen wahrhaft grauenvollen Ort, den sie durch ihre eigenen schrecklichen Schandtaten noch schlimmer gemacht haben.

Im Laufe eines Exorzismus ist es oft schwierig, die Dämonen loszuwerden. Sie klammern sich hartnäckig fest. In einer Sitzung widersetzte sich der Dämon stur, als ich versuchte, ihn auszutreiben. Er sagte: »Mir gefällt es hier!«

Dämonen setzen alle Tricks der Welt ein, um bleiben zu können. Sie verbergen sich, um den Eindruck zu erwecken, dass sie verschwunden seien. Sie versuchen, die besessene Person daran zu hindern, zu den Sitzungen zu kommen. Und in den Sitzungen verlegen sie sich entweder aufs Bitten und Betteln oder sie verfallen ins Gegenteil und tun so, als ob sie das alles nichts angehen würde. Einer ihrer Lieblingssätze lautet: »Wir gehen hier niemals weg!« Doch es bleibt ihnen nichts anderes übrig, als zu verschwinden.

Letzen Endes verhalten sich die Dämonen wie verzweifelte Bestien, die ihrem eigenen Untergang entgegengehen. Sie schlagen wild um sich und schreien. Ich kann immer noch Luzifer hören, als er von der Jungfrau Maria persönlich ausgetrieben wurde. Dreimal brüllte er »Neiiiiiin«. Und dann war er weg.

Luzifer und sein Gefolge haben die Hölle zu einem Ort des absoluten Horrors gemacht. Es ist ein unsagbar schrecklicher Ort. Und die Dämonen tun alles, um zu vermeiden, dass sie dorthin zurückkehren müssen.

Theologische Betrachtung

Die Höllenqualen

Es gibt heute viele Menschen, die die Existenz der Hölle abstreiten oder die Höllenqualen bagatellisieren. Jesus drückt sich wiederholt ganz klar über die Existenz der Hölle aus und gibt auch eine Beschreibung: »Weg von mir, ihr habt alle Unrecht getan! Dort wird Heulen und Zähneknirschen sein, wenn ihr seht, dass Abraham, Isaak und Jakob und alle Propheten im Reich Gottes sind, ihr selbst aber ausgeschlossen seid« (Lk 13,27–28, vgl. auch Mt 8,12).

Die heilige Sr. Faustyna, eine große katholische Mystikerin und Ordensschwester, hatte eine Vision von der Hölle. Sie schrieb: »Eines konnte ich bemerken, dort sind meistens Seelen, die nicht an die Hölle geglaubt haben.«[15]

Ihre Beschreibung der sieben Höllenqualen beginnt mit der schlimmsten: 1. Die vollkommene Abwesenheit Gottes. 2. Der ständige Gewissensvorwurf. 3. Das Begreifen, dass dieses Los sich nie mehr ändern wird. 4. Das Feuer, das die Seele durchdringt, ohne sie zu zerstören. 5. Die ständige Dunkelheit und ein schrecklicher Gestank. Obgleich es dunkel ist, sehen sich die Dämonen und die anderen verdammten Seelen gegenseitig. Sie sehen alles Böse der anderen und auch ihr eigenes. 6. Die unablässige Gesellschaft Satans. 7. Die Verzweiflung, der Hass auf Gott und die Lästerungen, Verfluchungen und Schmähungen, die kein Ende nehmen. Schwester Faustyna fügte hinzu: »Ich schreibe darüber

15 Tagebuch der Schwester Maria Faustyna Kowalska, Hauteville [10]2017, Seite 250.

auf Gottes Geheiß, damit keine Seele sich einreden kann, dass es die Hölle nicht gibt oder auch dass dort niemand war und nicht weiß, wie es dort ist.«[16]

Wie wir in einem späteren Tagebuch-Eintrag noch lesen werden, ist die Hölle auch eine Gunst. Verdammte Seelen und abtrünnige Engel könnten die vollkommene Heiligkeit, das strahlende Licht und die unendliche Herrlichkeit nicht ertragen, die im Himmel herrschen.

Ein Exorzist erkennt dies in jeder Exorzismus-Sitzung ganz deutlich. Der bloße Anblick eines geweihten Gegenstandes, wie zum Beispiel eines Kruzifixes oder auch nur eines Tropfens Weihwasser, verursacht unerträgliche Schmerzen bei den Dämonen. Was würde der direkte Anblick Gottes erst bei ihnen auslösen? Das wäre die grausamste Marter für die gefallenen und verdammten Seelen. Und leider haben sie die Hölle selbst gewählt.

16 Ebd., 251.

Tagebuch eines Exorzisten 21

Abstoßend und doch ein Segen

Vor ein paar Tagen habe ich eine interessante Nachricht von einer Mitarbeiterin meines Teams erhalten, nachdem sie an einer Exorzismus-Sitzung teilgenommen hatte. Sie schrieb, dass sie sich während der Sitzung gesegnet gefühlt habe, und fügte hinzu: »Ich fühlte mich wie in einem warmen Haus geborgen, während draußen der Sturm tobte.«

Ein Exorzismus kann in der Tat mit einem Sturm verglichen werden. Die Besessenen kreischen oft und viele übergeben sich, weshalb wir immer einen Abfalleimer mit einer Plastiktüte bereithalten.

Beides, das Geschrei und das Erbrechen, sind tatsächlich gute Zeichen. Wenn die betreffende Person während der Exorzismus-Sitzung kreischt, bedeutet dies, dass die Gebete ihre Wirkung zeigen und dass die Dämonen sich vor Schmerzen krümmen, da sie mit der Gnade Gottes in Berührung kommen. Wenn die Person beginnt, sich zu übergeben, ist dies ein sicheres Zeichen dafür, dass einige Dämonen sich aufmachen, den Körper zu verlassen.

Doch trotz all dieser abscheulichen Dinge berichten mir die Mitglieder meines Teams immer wieder, dass sie solche Sitzungen mit einem Gefühl der Segnung verlassen. Sie werden von Gottes Gnade sanft und doch spürbar berührt. Ich muss bekennen, dass es mir genauso ergeht. Ein Exorzismus ist ein widerliches und abstoßendes Geschehen. Aber auch wenn ich danach erschöpft bin, so bin ich doch gleichzeitig von einem starken Gefühl göttlichen Friedens erfüllt.

Theologische Betrachtung

Der Segen eines Exorzismus

Viele Leute fürchten sich vor dem Dienst des Exorzisten, selbst manche Priester. Erst gestern habe ich mich mit einem Priester unterhalten, der meinte, dass die ganze Vorstellung eines Exorzismus ihm Angst einflöße und er sich weigere, darüber zu reden. Einige Leute haben mir erzählt, dass sie Albträume bekommen, wenn sie nur daran denken. Andererseits gibt es auch Menschen, die vom Bösen außergewöhnlich fasziniert sind. Letzteres ist nicht besser als das andere, sondern wahrscheinlich schlimmer.

Es ist eine große Gnade, wenn jemand zu diesem Dienst berufen wird. Denjenigen, die dazu auserwählt werden, wird Gott auch die erforderlichen Gaben schenken. Eine dieser Gaben ist eine gewisse Furchtlosigkeit im Angesicht des Bösen. Es mag sogar sein, dass dieser Person der rechtschaffene Geist des heiligen Michael übertragen wird, der wegen der frevlerischen Taten der Dämonen erzürnt war und seine Engel in die Schlacht führte, um sie hinauszuwerfen.

Außerdem haben wir festgestellt, dass jede Exorzismus-Sitzung trotz der widerlichen Präsenz des Bösen und der hässlichen Eskapaden der Dämonen eine Gnade für die anwesenden Gläubigen mit sich bringt. Weil ich dem Ausdruck geben möchte, lege ich einmal während der Sitzung jedem der anwesenden Gläubigen die Hände auf und segne sie.

Gottes Großzügigkeit kennt keine Grenzen. Sollte Gott seinen Jüngern gegenüber weniger großzügig sein, wenn sie Jesu Dienst des Exorzismus weiterhin ausüben?

Allerdings lehrte Jesus seine Jünger eine ausgewogene Sichtweise. Nachdem sie von Jesus ausgesandt worden waren, um zu evangelisieren, »kehrten die Zweiundsiebzig zurück und sagten voller Freude: Herr, sogar die Dämonen sind uns in deinem Namen untertan«. Wahrscheinlich waren sie überrascht und freuten sich, dass sie Dämonen in Jesu Namen austreiben konnten. Er aber sagte zu ihnen: »Doch freut euch nicht darüber, dass euch die Geister gehorchen, sondern freut euch darüber, dass eure Namen im Himmel verzeichnet sind!« (Lk 10,17.20). Es ist gut, Dämonen auszutreiben, doch am wichtigsten ist unsere Erlösung in Christus.

Tagebuch eines Exorzisten 22

Wo sind die Dämonen?

Es geschah mitten in einer Sitzung während des Gebets: Die Dämonen zeigten sich vollständig und übernahmen die Kontrolle über den Körper der besessenen Person. Zu Beginn hatte ich der betreffenden Person je eine Benediktus-Medaille von etwa fünf Zentimetern Durchmesser in die rechte und die linke Hand gelegt, wie ich es häufig tue. (Wenn die Dämonen sich offenbaren, beklagen sie sich darüber, dass sie durch diese geweihten Gegenstände Verbrennungen erleiden.)

Die Dämonen, die von einer Person Besitz ergriffen haben, klammern sich an ganz bestimmte Stellen am Körper dieser Person. Diese hängen manchmal mit der Sünde oder dem Einfallstor zusammen, das ihnen den Zugang zu der Person ermöglicht hat – zum Beispiel die Hände, wenn die betreffende Person ein sündhaftes Verhalten mit den Händen begangen hat.

Ich befahl den Dämonen, mir zu sagen, wie viele von ihnen anwesend waren, und erhielt die Antwort »Drei«. Dann gebot ich ihnen, eine Benediktus-Medaille auf die Stelle zu legen, wo sich einer der Dämonen befand. Die rechte Hand der besessenen Person legte sich auf die linke Brustseite. Dann befahl ich den Dämonen, eine Medaille auf die nächste Stelle zu legen, und die Hand legte sich auf die Kehle der Person. Dann befahl ich ihnen, eine Medaille auf die dritte Stelle zu legen, und dies war die Stirn.

Nun legte ich meine Hand mit der Priesterstola auf die Kehle der Person und die Dämonen gerieten außer sich. Die Frau würgte heftig und krümmte sich. Es war eine starke Reaktion und der Dämon drehte durch. Es zeigte sich, dass er die Person schließlich verließ. Die Frau bestätigte danach, dass etwas im Bereich ihrer Kehle verschwunden sei.

Nie zuvor hatte ich den Dämonen befohlen, die Stelle preiszugeben, an die sie sich anklammerten, doch es schien zu funktionieren. Ich bin jedoch vorsichtig, denn sie sind unverbesserliche Lügner. In der Vergangenheit habe ich immer die charismatischen Mitarbeiter des Teams gebeten, die Stellen zu benennen, an denen sich die Dämonen anklammern, und wir haben uns dann auf diese Stellen konzentriert. Das ist nun eine neue Taktik, die bei anderen Fällen Erfolg versprechen mag, aber nur wenn die Dämonen so geschwächt sind, dass sie gehorchen.[17]

---

17 Ich habe dies gerade heute bei einer anderen besessenen Person angewandt, und wieder wanderte die Hand mit der Medaille zur linken Brustseite. Als wir genau über dieser Stelle beteten, heulten die Dämonen auf. Diese Taktik kann definitiv funktionieren.

Theologische Betrachtung

Sakramentalien

Die katholische Kirche lehrt, dass es sieben Sakramente gibt, die von Jesus eingesetzt wurden und für unser Heil von Bedeutung sind. Die sieben Sakramente sind die Taufe, die Firmung, die Eucharistie, die Beichte (Bußsakrament), die Krankensalbung, die Priesterweihe und das Ehesakrament. Sie markieren den Weg des Wachstums im Glauben und in der Heiligkeit, der zur Erlösung in Christus führt.

Kraft der ihr von Christus verliehenen Vollmacht hat die Kirche besondere Sakramentalien eingesetzt. Diese bewirken keine heiligmachende Gnade wie die Sakramente, sondern sie verleihen Gnaden, um aus der ganzen Fülle der Sakramente zu leben. Die Wirkung der Sakramentalien beruht auf dem Fürbittgebet der Kirche.[18] Sie tragen dazu bei, unser tägliches Leben zu heiligen.

Wie der Katechismus der Katholischen Kirche lehrt, gehören zu den Sakramentalien in erster Linie Segnungen von Personen, Gegenständen, Orten und Mahlzeiten.[19] Auch der Exorzismus zählt zu den Sakramentalien.[20]

Die üblichen Sakramentalien, die bei einem Exorzismus eingesetzt werden, sind ein Kruzifix und Weihwasser. Ein weiteres Sakramentale ist die geweihte Benediktus-Medaille.

---

18 Katechismus der Katholischen Kirche (KKK), Nr. 1667.

19 KKK, Nr. 1671.

20 KKK, Nr. 1673.

Sie ist das einzige Sakramentale, auf dem eine Exorzismus-Formel eingeprägt ist.

Kreisförmig sind auf ihrer Rückseite folgende Buchstaben angeordnet: VRSNSMV und SMQLIVB. Die Bedeutung dieser Zeichen war lange Zeit unbekannt, bis man die Erklärung in einem alten Manuskript aus dem Jahr 1415 fand, welches in der Benediktinerabtei Metten in Bayern aufbewahrt wurde. Sie stehen für die Exorzismusformel: *Vade retro, Satana! Nunquam suade mihi vana! Sunt mala quae libas. Ipse venena bibas!* »Weiche zurück, Satan! Verführe mich niemals zur Eitelkeit. Böse ist, was du mir einträufelst: Trinke selbst dein Gift!«[21]

21 https://www.osb-os.de/benediktusmedaillie.html.

Tagebuch eines Exorzisten 23

Ärger beflügelt die Dämonen

Ich erfuhr wieder einmal, was für eine vergiftende Wirkung Zorn und Ärger haben können. Ich befand mich gerade mitten in einer Exorzismus-Sitzung, als die besessene Person sich aufbäumte und mich angriff. Das ist schon früher einmal vorgekommen, ist aber eher ungewöhnlich. Normalerweise merke ich höchstens eine Art spirituelles Brodeln um mich herum und gewöhnlich lässt Gott es auch nicht zu, dass Dämonen mich während einer Sitzung körperlich angreifen. Allerdings muss ich bei solchen Gelegenheiten eine Menge übler Schmähungen seitens der Dämonen über mich ergehen lassen und mit Sicherheit versuchen sie, in meinen Kopf einzudringen.

Glücklicherweise war die besessene Person, die mich angriff, körperlich nicht sehr stark und eher von schmächtiger Statur. Dennoch bedurfte es mehrerer Mitarbeiter meines Teams, um sie wieder unter Kontrolle zu bringen. Zweifellos wirkte eine dämonische Kraft in ihr. Ich ärgerte mich, als sie mich angriff, und umklammerte ihren Arm fest, ließ mir aber äußerlich nichts anmerken. Trotzdem warf mir die hämische Stimme des Dämons sofort vor, dass ich meine Beherrschung verloren hatte. (Sie lassen keine Gelegenheit aus, mich zu verunglimpfen!)

Tatsächlich kam keine Reaktion mehr von den Dämonen, als wir die Sitzung fortsetzten. Sie schienen plötzlich völlig unbeeindruckt von dem Ganzen. Irgendetwas stimmte nicht. Ich unterbrach die Sitzung, ging mit einem Priester in das Zimmer nebenan und beichtete meine Sünde, dass ich in Wut geraten war. Er erteilte mir die Absolution und wir gingen zurück, um mit der Sitzung fortzufahren. Erneut begannen die Dämonen, auf unsere Gebete zu reagieren.

Die Dämonen wurden von meiner Wut beflügelt. *Ein guter Merksatz für mich selbst:* Beichte jeden unverarbeiteten Ärger, bevor du in eine Exorzismus-Sitzung gehst, und versuche, dich nicht von den Dämonen provozieren zu lassen. Sobald du dich ärgerst, lassen sie dich zappeln und die ganze Sitzung kommt zum Stillstand.

Tagebuch eines Exorzisten 24

Schlangenaugen

Manchmal ist es schwierig zu bestimmen, ob eine Person besessen ist oder ob bei ihr nur ein psychisches Problem vorliegt. In anderen Fällen liegt die Wahrheit klar auf der Hand.

In einem Fall, als die Dämonen sich manifestierten, veränderten sich sogar die Augen der betreffenden Person. Ihre Farbe wechselte ins Gelbliche, sie hatten kleine schwarze Pupillen und sahen wie Schlangenaugen aus. In anderen Fällen verdunkelten sich die Augäpfel und wurden ganz schwarz.

Im Buch Genesis erscheint Satan als Schlange, die Eva verführt, von der verbotenen Frucht zu essen – das heißt zu sündigen. In der Vergangenheit haben viele in dem Bild der Schlange nur eine Metapher für Satan gesehen. Doch die Schlangenaugen des besessenen Mannes lassen darauf schließen, dass eine Schlange weitaus mehr ist als ein Symbol aus alter Zeit für das Dämonische. Während eines Exorzismus machte sich Satan mit einem lauten Zischen bemerkbar, das dem Zischen einer Schlange glich. Diese Stimme werde ich nie vergessen.

Dämonen sind überaus real und gleichen boshaften, schlauen und sich schlängelnden Tieren. Manchmal ähneln sie in Gestalt und Stimme einer bösen, schlangenartigen Kreatur. Dies trifft besonders auf Satan selbst zu.

Theologische Betrachtung

Ungewöhnliche dämonische Manifestationen

Die üblichen dämonischen Manifestationen zeigen sich wie folgt: Als Reaktion auf heilige Gegenstände und Gebete schlägt die Person um sich, sie gibt verborgenes Wissen über Mitglieder des Teams oder Ereignisse von sich und mitten in einer Sitzung tritt ein dämonisches Wesen auf, das mit dem Exorzisten spricht, indem es ihn in der Regel beleidigt.

Manchmal zeigen Dämonen ihre Anwesenheit, indem sie Gegenstände verschieben, elektrische Geräte ein- und ausschalten, stampfende Schritte, Lichtkugeln oder Lichtblitze erzeugen oder Fenster und Türen zuschlagen. Sie manipulieren Gegenstände und versuchen damit, die Menschen zu nötigen und einzuschüchtern.

Es gibt aber auch weniger typische Phänomene einer dämonischen Manifestation wie den oben geschilderten Fall, bei dem sich die Augen der betreffenden Person deutlich sichtbar in Schlangenaugen verwandelten. Wir haben erlebt, dass Dinge wie aus dem Nichts aufgetaucht sind – bei Suchtkranken Drogenutensilien, bei Alkoholabhängigen Flaschen mit Alkohol –, die vermutlich die besessene Person in Versuchung führen oder sie auf diese Weise traktieren sollten.

Andere Exorzisten haben uns Fotos von verschiedenen Gegenständen gezeigt, die die besessenen Personen während des Exorzismus durch die Körperöffnungen ausgeschieden haben. Da gab es Nägel, Stacheln, Haare, kleine Figürchen, eine lange Kette oder auch Voodoo-Püppchen.

In einem besonders grotesken Fall würgte die Person eine riesige Schlange heraus. Ein anderes Exorzisten-Team berichtete uns, dass eine der besessenen Personen während der Sitzung anfing zu schweben.

Dämonen können keine Wunder vollbringen. Nur Gott kann Wunder wirken oder andere dazu befähigen. Allerdings können Dämonen das bewirken, was für sie »natürlich« ist. Und das umfasst übermenschliche Stärke, das Wissen um geheime Ereignisse oder die Fähigkeit, Gegenstände zum Schweben zu bringen, sie zu manipulieren oder sie eine konkrete Form annehmen zu lassen. Was uns an ihren Handlungen wie ein Wunder erscheint, ist für sie ganz natürlich.

Tagebuch eines Exorzisten 25

Wenn man Satan ärgert

Ein junger Exorzist fragte mich vor Kurzem, ob er im Laufe seines Dienstes wohl auch mit Vergeltungsmaßnahmen von Satan rechnen müsse. Ein anderer erfahrener Exorzist und ich brachen in schallendes Gelächter aus. Ich antwortete: »Aber natürlich. Sie können nicht Tag für Tag Satan ein Messer ins Auge rammen, ohne damit zu rechnen, dass er sich ärgert.« Der Neuling wurde blass und meinte: »Ich dachte, wir wären geschützt.« Nun, vor ernsthaftem Schaden sind wir geschützt. Das bedeutet allerdings nicht, dass ein Dämon nicht all das tun wird, was Gott ihm erlaubt. Das schließt auch die eine oder andere Schikane mit ein.

Einer unserer Priester, der als Exorzist im Einsatz ist und gerade mit einem schwierigen Fall befasst war, wachte eines Morgens mit langen Kratzspuren auf seinem Arm auf. Es war klar, woher sie stammten. Im Laufe der Jahre haben wir eine Reihe dämonischer Belästigungen erlebt, nie jedoch eine lebensbedrohliche Situation – obwohl ich mich daran erinnere, dass ich während desselben Falles eines Nachts gegen drei Uhr die Treppe hinunterging, als mir plötzlich jemand den Boden unter den Füßen wegzuziehen schien. Seither bekreuzige ich mich jedes Mal, bevor ich spät in der Nacht die Treppe benutze.

Sollten wir also diesen Dienst beenden, nur um Satan nicht zu ärgern? Unsinn, Jesus ist der Herr! Ihm folgen wir nach und seinen Willen führen wir aus. Wenn Satan wegen unseres Einsatzes verärgert ist, umso besser. Wir sind nicht hier auf dieser Erde, um Satan glücklich zu machen (was im Übrigen auch unmöglich wäre). Im Gegenteil, wenn Sie in Ihrem ganzen Leben Satan noch nie geärgert haben und noch nie Ziel seines Zorns wurden – sind Sie dann wirklich ein Christ?

Tagebuch eines Exorzisten 26

Die Logik der Dämonen

Ich führte in aller Ruhe ein Gespräch mit einer Frau, von der wir dachten, dass sie besessen sein könnte. Als praktizierende Christin unterhielt sie sich ganz vernünftig mit mir und es war deutlich erkennbar, dass sie gläubig war. Allerdings war sie, wie auch ihr Ortspfarrer, besorgt wegen der unerklärlichen Phänomene, die sich ereigneten, wenn sie betete oder wenn Priester über ihr beteten. Während ihrer Kindheit waren ihre Eltern leider tief in Hexerei und andere okkulte Praktiken verstrickt. Sie hatten ihre Tochter diesen bösen Geistern aufgeopfert.

Als ich mich mit ihr unterhielt, änderte sie plötzlich ihr Verhalten vollkommen. Sie sah gut aus, doch ich war erstaunt, was sie nun auf einmal von sich gab. Sie sagte: »Satan wird dich zu Fall bringen. Du wirst diese Dämonen niemals loswerden. Sie sind zu stark für dich.« Ich begann zu argumentieren und erklärte ihr, dass Satan keine Macht über mich hat, dass Jesus Satan am Kreuz besiegt hatte und dass in seinem Namen die Dämonen ausgetrieben werden.

Die Frau aber schien unbeeindruckt und sagte: »Du hast keine Vollmacht. Es ist sinnlos.« Der andere anwesende Exorzist sah mich an und meinte nur »Dämonenlogik«. – »Natürlich«, dachte ich, »wie konnte ich nur so dumm sein?« Es machte keinen Sinn, mit ihr zu diskutieren, weil ich in Wirklichkeit mit einer Horde von Dämonen redete. Ich wandte mich wieder dem Gebet zu und gebot: *Exorcizo te, Satanas!* (Ich treibe dich aus, Satan!)

Wenn die Dämonen in das Gehirn eines Menschen eindringen, besonders bei besessenen Leuten, dann können die Betreffenden nach außen hin völlig normal wirken, aber sie beginnen, wie Dämonen zu denken und einer »Dämonenlogik« zu folgen, wie wir es nennen. Ich bin sicher, dass wir täglich mehr als nur ein paar Leuten begegnen, deren Verstand von Dämonen besetzt ist. Hören Sie sich an, was sie von sich geben. Ist das ein vernunftbegabtes menschliches Wesen, das sich äußert, oder ein wütender, arroganter Dämon, der Gott hasst?

Theologische Betrachtung

Die Vollmacht der Eltern

Eine von Gott gegebene Vollmacht ist wichtig, um Dämonen auszutreiben. Der Priester, der als Exorzist eingesetzt ist, ist bevollmächtigt, einen Großen Exorzismus durchzuführen. Doch jeder getaufte Christ besitzt eine gewisse Vollmacht, Dämonen auszutreiben. Erinnern wir uns an die bereits erwähnte Stelle in der Bibel: »Die Zweiundsiebzig kehrten zurück und sagten voller Freude: Herr, sogar die Dämonen sind uns in deinem Namen untertan« (Lk 10,17). Deshalb können getaufte Christen den Namen Jesu anrufen, um Dämonen auszutreiben, obwohl die Kirche den Großen Exorzismus den Exorzisten vorbehalten hat. Für Laien eignen sich jedoch Befreiungsgebete für leichtere Fälle von dämonischer Präsenz.

Wie schon unter »Theologische Betrachtung: Können Laien Dämonen austreiben?« ausgeführt wurde, sollten Laien die Dämonen niemals direkt ansprechen, sondern sich an Gott oder die selige Jungfrau Maria, an die Heiligen oder die Engel wenden und diese bitten, die Dämonen auszutreiben. Deshalb sind in den Befreiungsgebeten meistens auch keine befehlenden Formeln enthalten, mit denen die Dämonen direkt angesprochen werden, sondern es sind Fürbittgebete, mit denen Gottes Hilfe erfleht wird. Wenn die betreffende Person deutliche Anzeichen einer möglichen Besessenheit oder einer Umsessenheit zeigt, sollte sie an einen Priester verwiesen werden.

Es gibt Situationen, in denen auch Laien über eine besondere Vollmacht verfügen, Dämonen auszutreiben. Zum

Beispiel verfügen Eltern über eine von Gott gegebene Vollmacht, über ihren Kindern zu beten und sie zu segnen. Somit – als Ausnahme zu der oben erwähnten Regel – *können Eltern den Dämonen befehlen, ihre Kinder zu verlassen.* Dennoch halte ich es für klüger, wenn Eltern die Unterstützung eines Experten in Anspruch nehmen, bevor sie dies selbst tun. Sollte es sich um eine Besessenheit handeln, wäre es ratsam, einen Priester hinzuzuziehen, der über entsprechende Erfahrungen verfügt. Doch in Situationen, in denen kein dafür ausgebildeter oder fähiger Priester zur Verfügung steht, könnten tatsächlich verstärkte Maßnahmen gerechtfertigt sein. Wenn sich bei einem Kind außerdem plötzliche Anzeichen einer dämonischen Präsenz zeigen, sollten die Eltern einspringen und sich auf ihre elterliche Vollmacht über die Dämonen berufen.

Mit der gleichen Autorität haben die Eltern auch die Vollmacht, ihre Kinder zu segnen. Die Heilige Schrift lehrt, dass Vater und Mutter diese Vollmacht haben (vgl. dazu beispielsweise Gen 27: Isaak segnet seinen Sohn). Leider ist diese Tradition bei den meisten Familien verloren gegangen und die Kinder sind die Leidtragenden. Der elterliche Segen sollte wiederentdeckt und großzügig angewandt werden.

Es ist richtig, wenn die Eltern ihre Kinder bei verschiedenen Gelegenheiten segnen, vom abendlichen Zubettgehen bis zum Beginn einer Reise, aber auch bei besonderen Anlässen wie bei einer Verlobung oder ähnlichen wichtigen Ereignissen. Der Segen eines Elternteils bedeutet für die Kinder eine besondere Gnade, unabhängig davon, ob er einen besonderen Moment in ihrem Leben heiligt oder sie von der Gegenwart böser Mächte befreien soll.

Tagebuch eines Exorzisten 27

Einsamkeit und Dämonen

Eine der besessenen Personen, die unsere Hilfe suchte, schien irgendwie blockiert zu sein. Als ich sie nach ihren Lebensgewohnheiten fragte, stellte sich heraus, dass sie sehr einsam war. Sie hatte keine Freunde und ging kaum aus dem Haus. Ich fragte sie nach dem Grund und sie antwortete, dass sie keine Freundschaften schließen könne. »Keiner kann meine Situation verstehen«, bemerkte sie. In den vergangenen Wochen habe ich einige unserer Betroffenen auf ihre Beziehungen angesprochen. Mehrere haben von einer vergleichbaren Isolation berichtet.

Auch die Dämonen sind isoliert. In der Hölle gibt es keine Freundschaften. Befallen sie einen Menschen, dann setzen sie alles daran, dass ihr Opfer einsam bleibt und in diesem Zustand ihnen gleicht. Bleibt die besessene Person in ihrer Abkapselung ohne den lebenserhaltenden Trost und das Geschenk einer echten Freundschaft – wie soll sie Befreiung erfahren?

Die Dämonen flüstern ihr ein, dass niemand mit ihr befreundet sein möchte und niemand sie verstehe. Auch das ist typisch für die »Dämonenlogik«. Die Isolation der Besessenen ermöglicht den Dämonen eine stärkere Kontrolle über ihre Opfer.

Um Befreiung zu erfahren, müssen diese besessenen Personen sich für Jesus öffnen, der die Quelle wahrer Freiheit ist. Und sie müssen zur Gemeinschaft der Gläubigen zurückkehren – nicht nur um den Gottesdienst zusammen mit den anderen zu feiern, sondern auch um sich an den Leben spendenden und wohltuenden Beziehungen innerhalb dieser Gemeinschaft zu erfreuen. Ein Leben in der Abschottung stärkt die Dämonen.

Tagebuch eines Exorzisten 28

War Petrus ursprünglich besessen?

Vor einigen Jahren hörte ich, wie einer der besten Dämonologen und Exorzisten der Vereinigten Staaten privat die Vermutung äußerte, dass Petrus möglicherweise ursprünglich besessen gewesen sei. Ich muss gestehen, dass ich *extrem* skeptisch darauf reagierte. Es ist richtig, dass im Evangelium berichtet wird, dass Jesus sich zu Petrus umdrehte und zu ihm sagte: »Tritt hinter mich, du Satan!« (Mt 16,23). Diesen Satz verwenden wir häufig bei einem Exorzismus: *Vade retro, Satanas!*

Das würde jedoch bedeuten, dass Jesus absichtlich eine besessene Person ausgewählt hätte, um einer seiner ihm am nächsten stehenden Jünger zu sein. Das ist kaum zu glauben. Und doch fällt mir dabei ein, dass eine seiner Jüngerinnen, die ihm nahestand, Maria von Magdala war, aus der Jesus sieben Dämonen ausgetrieben hatte.

Die Geschichten, die Exorzisten erzählen, klingen für Außenstehende oft übertrieben und irgendwie fantastisch. Zweifellos werden auch viele der Berichte in meinem Tagebuch denjenigen, die keinerlei Bezug zu jener oft bizarren Welt haben, fremd erscheinen. Jedenfalls verursachte die Spekulation, dass Petrus besessen gewesen sein soll, bei mir große Zweifel.

Doch vor nicht allzu langer Zeit waren wir mitten in einem Exorzismus und einer der Priester, der auch als Exorzist im Einsatz ist, holte eine Reliquie des heiligen Petrus hervor und legte sie auf den Körper des Besessenen, woraufhin aus dessen Mund eine höhnische Stimme ertönte, die sagte: »Er gehörte früher zu uns!« Spontan gab ich zurück: »Aber jetzt nicht mehr. Er gehört nun zu Jesus.«

Wir hatten dem Besessenen gegenüber nie ein Wort über die Spekulation erwähnt, dass Petrus möglicherweise besessen gewesen war. War es nur eine Prahlerei des Dämons? War Petrus besessen, als Jesus ihn erwählte? Wer weiß das? Jesus sieht hinter unsere Fassade. Er muss etwas Wunderbares in Maria von Magdala und in Petrus, dem Fischer, erkannt haben, und er hat sie berufen.

Tagebuch eines Exorzisten 29

Gottes Gnade oder ein Trick des Dämons?

Es war ein Exorzismus, der uns allen viel abverlangte. Als das Team die Frau von zu Hause abholte, um sie zur Sitzung zu bringen, erschien über ihrer Garage ein leuchtendes mandelförmiges Bild mit einem Kreuz darüber. Es war eindeutig, dass es keinen natürlichen Ursprung hatte. Es gab keine Lichtquelle und keinen Schatten, nichts, was diese Erscheinung erklärt hätte. Im Verlauf des Prozesses erschien dieses Phänomen ein weiteres Mal.

War es ein Zeichen Gottes, um uns zu ermutigen? Oder steckte ein Trick Satans dahinter? Wir haben es uns zur Regel gemacht, davon auszugehen, dass alle übernatürlichen Vorkommnisse während eines Exorzismus dämonischen Ursprungs sind, solange das Gegenteil nicht bewiesen ist, insbesondere wenn die besessene Person ein spirituell aktives Leben führt. Wir nehmen an, dass Satan versucht, die Person zu manipulieren, was in der Regel auch der Fall ist. Außerdem entwickelt Satan erstaunliche Fähigkeiten, wenn es darum geht, übernatürliche Phänomene nachzuahmen (unter anderem erscheint er als »Engel des Lichts« – 2 Kor 11,14), sodass man häufig nicht auf Anhieb sagen kann, ob es sich um eine Gnade Gottes oder einen Trick Satans handelt.

Wir haben die Quelle dieses leuchtenden Bildes nie gefunden. Sie war ganz offensichtlich nicht von dieser Welt. Wenn es ein Trick Satans war, dann hat er eine Menge Energie verschwendet, denn es brachte keine Wirkung bei uns hervor. Wir interpretieren solche Vorkommnisse meistens als eine Ermutigung, die von Gott kommt, die uns immer willkommen ist. Schließlich war auch die besessene Frau befreit. Ein Foto dieses leuchtenden Bildes habe ich aufbewahrt.

Tagebuch eines Exorzisten 30

Dämonen senden Textnachrichten

Dämonen mögen gern technische Dinge, ebenso wie Jugendliche. Bevor das Handy erfunden wurde, spielten sie mit den Lampen, Fernsehgeräten und anderen elektrischen Geräten in einem Haus (was sie auch heute noch tun). Die Leute kommen zu uns und berichten, dass in ihren Häusern etwas nicht stimmt, weil ständig elektrische Geräte an- und ausgeschaltet und ziemlich verrückte Sachen veranstaltet werden. Manchmal lag die Ursache an einer defekten Leitung, doch andere Male war es auch auf dämonische Einwirkungen zurückzuführen.

Heutzutage erhalten die Mitglieder unseres Teams, besonders die Priester, die den Exorzismus durchführen, von den Dämonen Textnachrichten. Wie ich erfahren habe, machen Exorzisten weltweit dieselbe Erfahrung.[22] Die Nachrichten sind stets bissig, arrogant, schadenfroh und höhnisch. Natürlich lassen wir uns nicht auf eine Unterhaltung mit den Dämonen ein.

Kürzlich hat ein bekannter Priester die Existenz des personifizierten Bösen öffentlich verneint. Er akzeptiere zwar das Böse als abstrakte Idee, jedoch nicht die Personalität bösartiger Wesen wie

22 Cathy Canares Yamsuan, »Demonic Texts: The Enemy Can Use Technology, Says Exorcist«, in: Inquirer.net, November 1, 2020, https://newsinfo.inquirer.net/1354888/demonic-texts-the-enemy-can-use-technology-says-exorcist.

Satan und anderer Dämonen. Ich kann dazu nur sagen: *Er hat noch nie eine Textnachricht von einem Dämon erhalten!* Das könnte seine Meinung ändern.

Dämonen sind von der Technik fasziniert. Sie treiben ihre dämonischen Possen, um uns einzuschüchtern und uns den Eindruck zu vermitteln, dass sie mächtig seien. Tatsächlich handelt es sich nur um Possen unreifer Jugendlicher. Dämonen sind nicht weise, sie haben Gott zurückgewiesen. Zwar sind sie auf eine hinterhältige Art viel schlauer als wir, doch ohne Weisheit sind sie oberflächlich.

Die Textnachrichten der Dämonen beweisen uns lediglich ihre Anwesenheit. Ihr größter Vorteil ist ihre Unsichtbarkeit und sie verhalten sich dämlich, wenn sie aus dieser Deckung hervorkommen, um die Aufmerksamkeit auf sich zu lenken. Manchmal können sie nicht anders. Sie sind sehr impulsiv und können ihren boshaften und hämischen Sadismus nicht unter Kontrolle halten.

Ich bin froh, dass wir diese Textnachrichten erhalten haben. Dieses Verhalten der Dämonen ist selbstzerstörerisch. Sie teilen uns dadurch mit, wo sie gerade am Werk sind. Wenn sie sich auf diese Weise offenbaren, rate ich den Priestern, mit Gebet darauf zu reagieren. Zu den Dämonen kann ich nur sagen: Schickt mehr davon!

Theologische Betrachtung

Können Dämonen Textnachrichten senden?

Dämonische Angriffe auf Heilige und Mystiker sind bekannt und dokumentiert. Zum Beispiel waren die teuflischen Attacken auf Pater Pio so stark, dass die Mitbrüder seiner Ordensgemeinschaft dachten, er sei möglicherweise besessen, und einen Exorzismus in Erwägung zogen. Die heilige Gemma Galgani (1878–1903) wurde ebenfalls so stark von Dämonen angegriffen, dass sie wiederholt um einen Exorzismus bat, obwohl er auch in ihrem Fall nicht nötig war. Es ist schwierig, die Unterscheidung zu treffen zwischen dämonischen Angriffen auf eine Opferseele und jenen auf eine besessene Person.

Bemerkenswert sind auch die subtilen Manipulationen und Täuschungen, mit denen Satan gegen heilige Seelen vorgeht. So nahm er zum Beispiel die Gestalt des geistlichen Begleiters von Pater Pio an, um ihn in die Irre zu führen. In gleicher Weise verkleidete Satan sich als Ortsbischof und erschien der heiligen Veronica Giuliani (1660–1727), einer Kapuzinerin und Mystikerin, und redete ihr ein, dass ihr ganzes Leben auf einer diabolischen Täuschung beruhe.[23]

Dämonen können auch Gegenstände manipulieren. Es ist zum Beispiel nicht ungewöhnlich, dass in Häusern, die von Dämonen heimgesucht werden, sakrale Gegenstände

---

23 Filippo Maria Salvatori, The Life of St. Veronica Giuliani, Capuchin Nun, R. Washbourne, London 1874, 184.

von den Wänden fallen und zu Bruch gehen oder Fenster und Fensterläden zuschlagen. Es ist auch nicht ungewöhnlich, dass sich elektrische Geräte einschalten. Zum Beispiel können sich Fernsehgeräte und Lampen wie von selbst ein- und ausschalten.

Um die Menschen einzuschüchtern, Angst zu erzeugen und ihre Macht zu demonstrieren, versuchen die Dämonen, Chaos zu erzeugen. Sie manipulieren in unserem digitalen Zeitalter auch Computer und Handys. Für besessene Personen ist es oft schwierig, ihren Exorzisten mit dem Handy zu erreichen, weil die Dämonen für Störungen sorgen. Ihr Computer kann ohne besonderen Grund abstürzen. Und wie im letzten Tagebuch-Eintrag erwähnt, senden die Dämonen sogar Drohbotschaften per Textnachricht. Ich selbst habe eine Reihe solcher Botschaften erhalten und weiß von zahlreichen anderen, dass sie ähnliche Nachrichten bekommen haben.

Wenn die Dämonen früher Fernsehapparate und Lampen manipuliert haben, warum sollten sie es heute nicht auch mit Computern und Handys tun? Die Antwort ist: Natürlich tun sie es!

Tagebuch eines Exorzisten 31

Sanctus, sanctus, sanctus

Heute war die Exorzismus-Sitzung ziemlich heftig. Die Person berichtete, dass sich während der Woche spontan die Worte »Ich bin Gott« in ihrem Mund formten, die sie auch artikulierte. Da sie eine gute Christin ist, war sie dadurch sehr beunruhigt. Wir empfahlen ihr, dieses offensichtlich dämonische Gerede nach Möglichkeit zu ignorieren. Mehr als einmal haben wir eine dämonische Prahlerei dieser Art gehört, die aus dem Mund einer besessenen Person kam.

Als wir im Rituale während der Exorzismus-Sitzung an die Stelle des *Sanctus, sanctus, sanctus* (»Heilig, heilig, heilig«) kamen, haben die Dämonen stark reagiert. Diese Worte stammen direkt aus der Bibel und beschreiben den Lobpreis Gottes, den die Engel singen (Jes 6,3 und Offb 4,8). Die Dämonen weigerten sich, diesen Lobpreis zu singen. Die gefallenen Engel weigerten sich, Gott zu preisen, und verleugneten somit ihren ursprünglichen Zustand.

Obwohl alle Dämonen den Gesang des *Sanctus, sanctus, sanctus* abstoßend finden, fühlte sich die Gruppe der Dämonen, mit der wir es zu tun hatten, in ganz besonderer Weise angegriffen. Sie verharrten in ihrer eigenen Vorstellung, dass sie selbst wie »Gott« seien, und sie lehnten es ab, den einen wahren Gott zu preisen.

Somit konzentrierten wir uns für den Großteil der Sitzung auf diese Worte »Heilig, heilig, heilig«. Es funktionierte, da die Dämonen wild reagierten. Ich erinnerte sie daran, dass das genau die Worte waren, die sie zu singen ablehnten, obwohl es sich um ihr ureigenstes Lied handelte. Auch setzte ich den Schlachtruf des Erzengels Michael ein, mit dem er Luzifer und seine Dämonen hinauswarf: *Quis ut Deus?* – »Wer ist wie Gott?«. Die Antwort lautet natürlich: »Niemand.«

Gott zu preisen, ist das Glück der Engel, und es ist auch unser Glück: »Heilig, heilig, heilig ist der Herr der Heerscharen.«

Theologische Betrachtung

Exorzismus-Rituale von 1614 versus Rituale nach dem II. Vatikanischen Konzil

Wenn ein Priester von seinem Bischof die Vollmacht erhalten hat, den Großen Exorzismus durchzuführen, dann verwendet er dafür hauptsächlich das Exorzismus-Rituale der Kirche. Wenn sie wirksam zu sein scheinen, benutzt er auch andere geweihte Hilfsmittel wie Weihwasser oder Reliquien von Heiligen, doch das Herzstück einer Exorzismus-Sitzung wird immer das offizielle Exorzismus-Rituale der Kirche sein.

Dabei kann er auf das Rituale Romanum zurückgreifen, das vor dem II. Vatikanischen Konzil benutzt wurde und aus dem Jahr 1614 stammt. Es ist in lateinischer Sprache abgefasst. Man glaubt, dass Latein, die alte Sprache der Kirche, gerade beim Austreiben der Dämonen eine besondere Wirkung entfaltet.

Das Rituale von 1614 ist eine Aufzeichnung der Erfahrungen, die Exorzisten durch all die Jahrhunderte hindurch gesammelt haben. Es wurde niedergeschrieben, was aufgrund ihrer Erfahrungen Wirkung zeigte. Einem Exorzisten geht es nicht um liturgische Feinheiten, sondern er braucht ein Rituale, das wirkt, und das Rituale von 1614 ist sehr effektiv.

Exorzisten können auch das neue Rituale benutzen, das nach dem II. Vatikanischen Konzil veröffentlicht wurde. Die ursprüngliche Revision, die ab dem Jahr 1999 verfügbar war, erntete viel Kritik. Viele Exorzisten auf der ganzen Welt beklagten sich darüber, dass dem Rituale dadurch viel von seinem »Biss« genommen wurde, besonders was die Gebete, die weniger gebieterisch formuliert wurden, betraf, mit denen die Dämonen ausgetrieben werden.

Zusätzlich zu den anderen Gebeten weist das Rituale Romanum von 1614 drei umfangreiche beschwörende Gebete mit mehrfachen Befehlsformeln auf, durch die den Dämonen geboten wird auszufahren. In der revidierten Version ist nur noch ein beschwörendes Gebet enthalten, und dieser Ritus ist mehr auf das Taufsakrament ausgerichtet.

Ich möchte den Unterschied zwischen den beiden Versionen folgendermaßen beschreiben: Das Rituale von 1614 beinhaltet ein unerschrockenes und fortwährendes Eindreschen auf die anwesenden Dämonen. Die revidierte Fassung scheint, zumindest teilweise, eine Erneuerung des Taufsakraments zu sein mit seiner reinigenden Kraft für die betroffene Person.

Ich habe das revidierte Rituale benutzt und damit Dämonen ausgetrieben. Da sowohl das Rituale der Kirche und der Priester die notwendige geistliche Vollmacht haben, ist es natürlich wirkungsvoll. Zudem befinden sich im Anhang weitere Beschwörungsgebete, mit denen den Dämonen befohlen wird, den Betreffenden zu verlassen, auf die ich oft zurückgreife, wenn ich das neue Rituale benutze. Der Exorzist hat also die Möglichkeit, die Wirksamkeit der aktuellen Version des Rituale mit Gebeten zu erhöhen, die den nötigen »Biss« haben. Dennoch bleibt das Exorzismus-Rituale von 1614 in lateinischer Sprache allgemein das bevorzugte Rituale der Exorzisten.

Tagebuch eines Exorzisten 32

»Der Blick«

Eines der üblichen Anzeichen, auf das wir besonders achten, um die Gegenwart von Dämonen festzustellen, ist der Blick. Wenn die Person hereinkommt, erscheint sie meistens als ganz normal. Wenn wir jedoch mit dem Gebet beginnen, wird sich der böse Geist innerhalb der ersten zwanzig Minuten zeigen. Noch bevor er als Reaktion auf die Gebete um sich schlägt, erscheint auf dem Gesicht des Opfers ein ganz bestimmter Blick.

Es ist einem Menschen nicht möglich, diesen Blick vorzutäuschen oder nachzuahmen. Darin sind eine unglaubliche Wut und das absolute Böse zu erkennen. Es kann nervenzermürbend sein, in die Augen eines Dämons zu blicken und so viel Hass und Zerstörungswut wahrzunehmen. Wenn man das sieht, besteht kein Zweifel mehr: Dieser Mensch ist besessen!

Die Augen sagen alles. Wenn Gott den Dämonen vollkommene Freiheit geben würde – was nicht der Fall ist –, so würden sie uns erbarmungslos quälen und in Stücke reißen. Mir sind die Visionen von Mystikern bekannt, die die Hölle als Ort sahen, in dem die Dämonen entfesselt wüteten. Die Mystiker beschreiben die schrecklichen Qualen der Dämonen. Das ist alles ziemlich aufwühlend, was es aber auch sein soll. Es gibt im Dienst des Exorzisten einige schwierige Situationen. Der Blick in die Augen des entfesselten Bösen gehört definitiv dazu.

Tagebuch eines Exorzisten 33

Die Dämonen der Angst austreiben

Eines unserer begnadeten Teammitglieder betete diese Woche mitten in der Nacht zu einer Zeit, in der das Wirken des Geistes besonders klar zu erkennen ist. Sie wurde von einem Gefühl der Angst überwältigt. Es war eine aufwühlende Erfahrung.

Sie wusste, was sie zu tun hatte, und opferte Gott ihre Angst auf, immer und immer wieder. Sie übergab ihre Angst auch dem Unbefleckten Herzen Mariens und dem Heiligsten Herzen Jesu, damit diese sie beseitigten. Immer wieder opferte sie die erdrückende Angst und Panik während dieser Stunde den beiden Herzen auf. Und immer wieder flaute beides ab. Während der ganzen Heiligen Stunde der Nacht betete sie: »Jesus, ich vertraue auf dich; Jesus, ich vertraue auf dich.« Schließlich war die Furcht am Ende der Stunde nicht mehr spürbar. Es war vorbei. Der Friede kehrte wieder ein.

Es scheint ganz klar zu sein, dass diese Stunde eine Gnade für uns alle war. Die Angst hat unser Land und die ganze Welt im Griff. Die bösen Geister der Furcht, der Panik und des Schreckens lauern überall und versuchen, unser Gottvertrauen zu zerstören. Die Lösung ist einfach: Übergeben wir alles dem Heiligsten Herzen Jesu und dem Unbefleckten Herzen Mariens! In diesen beiden Herzen wird die Furcht beseitigt. Und mitten im Kampf sollten wir oft beten: »Jesus, ich vertraue auf dich.«

Am Ende wird der Friede wieder einkehren. Daran besteht kein Zweifel.

Tagebuch eines Exorzisten 34

Zählen die Dämonen während eines Exorzismus unsere Sünden auf?

Es kommt oft vor, wenn Leute, darunter auch Priester, eingeladen werden, sich dem Exorzismus-Team anzuschließen, dass sie befürchten, die Dämonen würden mitten in der Sitzung ihre Sünden laut aufzählen. Geschieht so etwas wirklich?

Es geschieht tatsächlich. Die Dämonen stürzen sich mit Vorliebe auf die Sünden des Exorzisten und versuchen dadurch, sein Bestreben zu unterbinden. Wir hatten schon Sitzungen, in denen die Dämonen Sünden aus der Vergangenheit, die vor Kurzem gebeichtet worden waren, aufgezählt haben. (Manche sagen, dass die Dämonen keine Sünden aufzählen können, die bereits gebeichtet wurden, doch das deckt sich nicht mit unserer Erfahrung.) Es scheint, dass Gott den Dämonen in Bezug auf die Sünden, welche sie offenlegen dürfen, eine Einschränkung auferlegt hat. Deshalb kommt es nicht jeden Tag vor und die Aufzählung der Sünden hält sich in Grenzen.

Wie soll man darauf reagieren? Normalerweise ignorieren wir, was aus dem Mund eines Dämons kommt. Doch mit den Sünden, die sie erwähnen, treffen sie oft mitten ins Schwarze. Deshalb ist es nicht gut, sie zu leugnen. Leugnen und Lügen gehören zum Verhalten der Dämonen, nicht zu dem eines Christen.

Deshalb ist meine Reaktion immer dieselbe: »Es ist wahr. Ich bin ein Sünder. Ich bin aber auch nicht euer Problem. Jesus ist euer Problem. Und durch seinen heiligen Namen treibe ich euch aus.« Wenn wir unsere Sünden aufrichtig bekennen, ist Satans Macht gebrochen.

Einige Heilige haben am Ende ihres Lebens, als sie im Sterben lagen, dämonische Erfahrungen gemacht. Satan erschien, zählte ihre Sünden auf und behauptete, dass sie ihm gehörten. Doch die Heiligen blickten zu Jesus auf und baten ihn um Vergebung. Sie wussten, dass sie durch seine Barmherzigkeit – und nur durch seine Barmherzigkeit – gerettet wurden.

In der Stunde unseres Todes, doch auch schon jetzt, sollten wir es ihnen gleichtun.

Tagebuch eines Exorzisten 35

Dämonen als Schwergewichte

Gemma Galgani – Mystikerin, Stigmatisierte und Heilige – starb nach langem Siechtum vermutlich an Tuberkulose. Am Ende ihres Lebens hat sie wohl kaum noch 100 Pfund gewogen. Und trotzdem waren vier Tage vor ihrem Tode mehrere starke Männer nicht in der Lage, sie aus ihrem Bett zu heben. Gemmas Reaktion darauf war: »Wisst ihr, das bin nicht ich, die so viel wiegt.«[24] Sie wurde von den Dämonen, deren bedrückende Gegenwart sie niederdrückte, erbarmungslos angegriffen. Als sie dann gestorben war, konnte ihr Körper leicht umgelagert werden.

Wir hatten hier auch schon besessene Personen, die, als sich bei ihnen eine dämonische Präsenz zeigte, ein unerklärlich schweres Körpergewicht aufwiesen und beinahe nicht mehr bewegt werden konnten. Eines der typischen Anzeichen für eine Besessenheit ist auch die übernatürliche Stärke. Das bedeutet in der Regel, dass die Person eine Kraft entwickelt, die weit über ihre körperlichen Möglichkeiten hinausgeht, was es oft sehr schwer macht, sie während des Exorzismus zu bändigen.

Diese übermenschliche Stärke ist jedoch viel weitreichender. Sie weist auf physische Vorgänge bei der Person hin, die nicht

---

24 Diary of Saint Gemma Galgani, Band 4, 20. August 1900, in: The Saint Gemma Galgani Collection, Catholic Way Publishing 2013, 134.

ihr als Person zugeschrieben werden können, sondern nur durch eine dämonische Präsenz erklärbar sind. Zum Beispiel ist auch die Levitation ein solches Anzeichen. Von Natur aus kann kein menschliches Wesen über dem Boden schweben, doch die Dämonen sind aufgrund ihrer übernatürlichen Fähigkeiten in der Lage, Personen vom Boden in die Höhe zu heben, und gelegentlich tun sie das auch.

Wir sind sehr vorsichtig, wenn es darum geht, ein Urteil in Bezug auf eine Besessenheit zu fällen. Manchmal gibt es jedoch keine andere vernünftige Erklärung. Ziemlich oft lese ich, dass manche Leute weder an Engel noch an Dämonen glauben, weder Satan noch die Hölle für real halten. Manchmal glauben selbst Priester nicht daran. Ich bin überzeugt, dass sie ihre Meinung ändern würden, wenn sie einen oder zwei Tage bei Gemma Galgani verbracht hätten oder in der Kapelle eines Exorzisten.

Theologische Betrachtung

Dämonen wirken in der realen Welt

Wie die Engel sind auch die Dämonen reine Geistwesen. Normalerweise besteht der Einfluss, den sowohl die Engel als auch die Dämonen auf menschliche Wesen ausüben, in Gedankenimpulsen und in dem Versuch, auf den Verstand und Körper eines Menschen einzuwirken. Unser Schutzengel regt uns an, Gutes zu tun. Dämonen führen uns in Versuchung, Böses zu tun. Doch haben weder die Engel noch die Dämonen Kontrolle über unseren freien Willen und unsere freien Entscheidungen. Letzten Endes sind wir immer selbst verantwortlich für die Entscheidungen, die wir treffen.

Gelegentlich benutzen die Engel und Dämonen Gegenstände in der realen Welt, um uns zu helfen oder um uns zu schaden.[25] Es ist zum Beispiel bekannt, dass Dämonen in den von ihnen heimgesuchten Häusern Dinge von der Wand auf den Boden werfen oder ähnliche Possen treiben. Natürlich dürfen sie nur das tun, was Gott zulässt. Andernfalls würde Satan viel mehr Chaos stiften, als er es jetzt schon tut.

Große Mystiker wie Pater Pio oder die heilige Gemma Galgani wurden von Dämonen körperlich angegriffen. Andererseits fanden sie auch Hilfe bei den Engeln. Ich fand es besonders humorvoll und inspirierend, als die heilige Gemma in ihrem Tagebuch schrieb, dass ihr Schutzengel ihr nach einer schrecklichen Nacht mit dämonischen Angrif-

25 Vgl. Thomas von Aquin, Summa theologica, I, q. 110.

fen am Morgen eine Tasse Kaffee brachte. (Ich warte immer noch darauf, dass mein Engel das ebenfalls tut!)[26]

Wir sehen somit, dass es den Dämonen möglich ist, in die reale Welt einzutreten und die Dinge in einem begrenzten Maß zu manipulieren. Das schließt auch das Stören unserer Telefone und sonstigen Kommunikationsgeräte mit ein. Sie versuchen, Menschen zu isolieren, zu schikanieren und zu verängstigen. Am besten reagiert man darauf, indem man ruhig bleibt und betet.

Ich bin überzeugt, dass derartige Übergriffe die Dämonen ungeheuer viel Kraft kosten, da ihre spirituelle Macht und Energie nicht unbegrenzt sind. Deshalb konzentrieren sie sich auch nur auf Ziele, an denen sie ein besonderes Interesse haben. Sollten Ihre Verbindungen von den Dämonen gestört werden, danken Sie dafür, dass Sie für »würdig« befunden wurden, das Ziel einer solchen Belästigung zu sein, und opfern Sie jede damit verbundene Unannehmlichkeit Gott auf.

---

26 »Mein Schutzengel weicht nicht von meiner Seite [...]. Mehrere Male am Tag zeigt er sich mir und spricht zu mir. Gestern leistete er mir Gesellschaft, während ich aß, doch er drängte sich nicht auf, wie das die andern tun. Nachdem ich gegessen hatte, fühlte ich mich gar nicht wohl, so brachte er mir eine Tasse Kaffee, der so gut war, dass es mir sofort besser ging, und dann ließ er mich ein wenig ruhen.« Diary of Saint Gemma Galgani, Band 4, 20. August 1900, in: »The Saint Gemma Galgani Collection«, Catholic Way Publishing 2013, 134.

Tagebuch eines Exorzisten 36

Durch Unversöhnlichkeit blockiert

Während der Durchführung eines Exorzismus kann es geschehen, dass bei einer Person eine Blockade auftritt. Wir beten und beten und beten und es wird einfach nicht besser. Warum werden sie nicht befreit?

Manchmal taucht als Grund ein tief sitzender Mangel an Vergebungsbereitschaft auf. Viele von denjenigen, die zu uns kommen, weil sie von Dämonen bedrängt werden, wurden in ihrer Kindheit oder Jugend von einem anderen Menschen traumatisiert. Sie sind verständlicherweise wütend und tragen den Wunsch in sich, ihren Peiniger leiden zu sehen. Solange sie jedoch an diesem Zorn und dieser Unversöhnlichkeit festhalten, vergiften sie sich selbst.

Genau an diesem Punkt haken die Dämonen ein und verlassen diese Person nicht. Sie selbst sind für immer Gefangene ihrer inneren Wut. In der Hölle verbringen sie die Ewigkeit damit, Gott (ungerechterweise) anzuklagen und an ihrem Groll und ihrer Verbitterung festzuhalten.

Eines der Probleme in unserer Kultur besteht darin, dass die Leute nicht mehr verstehen, was es bedeutet zu vergeben. Vergebung bedeutet nicht, über das schlechte Verhalten anderer einfach hinwegzusehen. Es bedeutet nicht, dass die Täter für ihre Verbrechen nicht zur Verantwortung gezogen werden sollten und ihnen das Gefängnis erspart bliebe. Es heißt auch nicht, dass wir demjenigen, der uns missbraucht hat, ein herzliches Gefühl entgegenbringen und eine emotionale Verbindung mit ihm aufbauen sollten.

Vielmehr bedeutet Vergebung im christlichen Sinn, dass man sich von seiner Verbitterung und seiner Wut lossagt und dann Gott bittet, die Person, die uns verletzt hat, zu segnen. Das ist eine Entscheidung. Jesus liebte die Schriftgelehrten und Pharisäer und vergab ihnen, doch er nannte sie »getünchte Gräber« und ärgerte sich über sie (Mt 23,27). Vergebung ist kein Gefühl, es ist ein Willensakt.

Jesus hat uns aufgetragen zu segnen und niemals zu verfluchen. Wenn wir andere verfluchen, dann sind es zuallererst wir selbst, die darunter leiden. Wenn wir andererseits unsere Feinde segnen und diejenigen, die uns verfolgen, dann sind wir befreit und leben in Frieden.

Deshalb gehört es zum festen Bestandteil eines Exorzismus, dass wir die betroffene Person fragen, ob es Menschen gibt, denen sie etwas zu vergeben hat. Dann lassen wir diese Person sinngemäß etwa folgende Formulierung aussprechen: »Ganz bewusst vergebe ich XY und bitte Gott, XY zu segnen.« Meistens kommen den Betreffenden dabei die Tränen. Das zeigt uns, dass Gott die Seele dieses Menschen heilt und die Dämonen die Flucht ergreifen müssen.

Theologische Betrachtung

Wie verschwinden die Dämonen wieder?

Wenn jemand ein mystisches Charisma hat, aufgrund dessen er die Dämonen sehen kann, dann kann er beobachten, wie sie ihre Opfer verlassen. Es gibt nur sehr wenige Leute, die über eine solche Gabe verfügen. Wir anderen müssen uns mit Vermutungen behelfen, die sich auf eine Reihe typischer Anzeichen stützen.

Wenn die Kraft der Dämonen schwindet, beginnen sie zu heulen und zu jammern. Zuerst verhalten sie sich stolz und arrogant, blicken dem Exorzisten höhnisch ins Gesicht und sagen ihm, dass er keinerlei Macht und Autorität über sie habe. Sie betonen, dass sie unter keinen Umständen weichen werden. Ein erfahrener Exorzist weiß, dass das nichts als heiße Luft ist, und er merkt an dieser Reaktion, dass die Dämonen bereits in Schrecken versetzt sind.

Wenn ihre Kraft nachlässt, geben sie manchmal ihre Namen preis wie zum Beispiel Legion, Beelzebub, Baal oder viele Tausende anderer dämonischer Namen. Der Exorzist aber gewinnt mehr Macht über sie, wenn er ihre Namen kennt, und er weiß, dass sie nun in der Klemme stecken.

Dämonen treten meist in hierarchisch gegliederten Gruppen auf. In einem Fall echter Besessenheit sind oft viele Dämonen präsent. Sie kommen üblicherweise in Scharen. Jede Gruppe hat ihren eigenen Anführer und alle Gruppen zusammen haben einen Anführer, der für alle verantwortlich ist.

Wenn die Gesamtgruppe schwächer wird und Einzelne

verschwinden, dann sind es immer die Schwächsten und Kleinsten, die zuerst die Person verlassen. Danach nimmt sich der Exorzist den Anführer einer bestimmten Gruppe vor. Wenn dieser Anführer die betreffende Person verlässt, geht der Rest der Gruppe mit ihm.

Schließlich wird auch der Anführer aller Gruppen weichen. Er ist der mächtigste Dämon aller anwesenden Gruppen. Manchmal wird sein Abtreten von einem lauten Knall, einem Lichtblitz oder einem anderen lauten Geräusch begleitet, manchmal auch nicht. Die betroffene Person verfällt oft in sich wiederholende wilde Zuckungen und erbricht eine Menge weißen Schaum.

Dabei muss der Exorzist sehr umsichtig vorgehen, denn häufig täuschen die Dämonen ihr Verschwinden nur vor und versuchen, verborgen zu bleiben. Das ist eine übliche Taktik.

Wenn die Dämonen die besessenen Personen endgültig verlassen, erlangen diese wieder ihr volles Bewusstsein. Sie sind in der Regel vollkommen erschöpft, fühlen jedoch eine große Erleichterung. Sie sagen, dass sie sich leichter und vielleicht auch befreit fühlen. Doch auch wenn sie wissen, dass einige Dämonen sie verlassen haben, so können sie sich doch nicht sicher sein, ob wirklich alle verschwunden sind.

Wenn der mächtigste und höchste Dämon ausgetrieben worden ist, ist alles vorbei. Zu diesem Zeitpunkt legen die Exorzisten Wert darauf, mit der Person in Kontakt zu bleiben, um sicherzugehen, dass auch wirklich alle Dämonen verschwunden sind.

Darüber hinaus ist dem Exorzisten daran gelegen, dass die Betreffenden vom örtlichen Priester oder anderen Christen begleitet werden, um sicherzustellen, dass sie weiterhin ein tugendhaftes Leben führen und somit für die Dämonen keine weiteren Türen öffnen, was ihnen eine Rückkehr ermöglichen würde.

Tagebuch eines Exorzisten 37

Die neue Lichtträgerin

Luzifer, der Lichtträger oder Morgenstern (vgl. Jes 14,12), verlor seine herausgehobene Stellung in der Hierarchie der Engel. Einige Theologen mutmaßen, dass er der Erste unter den Engeln gewesen sei. Mit Sicherheit war er der Anführer der rebellierenden Engel, die von Michael und seinen Engeln aus dem Himmel hinausgeworfen wurden.

Maria ist die neue Lichtträgerin. Jesus ist das Licht. Einzig und allein sie, die Unbefleckt Empfangene, die vollkommen demütig war, konnte solch eine göttliche Heiligkeit empfangen. Jedes andere mit Sünden befleckte Wesen hätte dieses gewaltige Licht nicht ertragen können.

Deshalb wird auch durch sie, die neue Lichtträgerin, Luzifer ausgetrieben. Bei einem unserer Fälle, bei dem Luzifer selbst anwesend war, erschien am Ende Maria und trieb ihn aus. Immer wenn sie, die das Licht Christi trägt, kommt, ergreifen die Dämonen die Flucht.

Es gibt keinen echten Exorzisten und kein Exorzisten-Team, die nicht vollkommen auf Maria vertrauen. Sie spielt eine besonders hervorgehobene Rolle im neuen und alten Rituale der Kirche. Sie ist unsere Lichtträgerin, sie ist unser Morgenstern.

Theologische Betrachtung

Die Rolle Mariens, der Mutter Jesu

Man kann davon ausgehen, dass ein katholischer Exorzist eine starke Verehrung für die selige Jungfrau Maria, die Mutter Jesu, hegt. Nach Jesus selbst ist sie die stärkste Verbündete des Exorzisten.

Maria ist die Frau aus der Offenbarung: »Eine Frau mit der Sonne bekleidet; der Mond war unter ihren Füßen und ein Kranz von zwölf Sternen auf ihrem Haupt« (Offb 12,1). Auch Gen 3,15 verweist auf sie: »Feindschaft setze ich zwischen dir und der Frau.« Dort zertritt sie den Kopf der Schlange, die Satan ist, durch die Macht ihres Sohnes. Deshalb wird im aktuellen Exorzismus-Rituale der Kirche Maria um Hilfe angerufen an der Stelle, an der den Dämonen befohlen wird, die Flucht zu ergreifen. »Es gebietet dir die hehre, jungfräuliche Gottesmutter Maria, die seit dem ersten Augenblick ihrer Unbefleckten Empfängnis durch ihre Demut dein wahnsinnig stolzes Haupt zertreten hat« (69). Diesen Satz habe ich vor Kurzem bei einem Exorzismus ausgesprochen und die Dämonen reagierten darauf sehr heftig. Diese Aussage entfaltet eine starke Wirkung.

Die marianische Volksfrömmigkeit der katholischen Kirche glaubt daran, dass Maria eine fortdauernde wichtige Rolle bei der Austreibung Satans spielt. Viele Exorzisten berichten, dass die Dämonen sofort bezwungen sind, wenn die Jungfrau Maria während eines Exorzismus erscheint. Sie ist »voll der Gnade«, und die Gnade Christi, die ihr zu eigen ist, hat Satan vollkommen besiegt. Deshalb sind Satan und seine Dämonen ihr auch in keiner Hinsicht gewachsen.

Die Dämonen hassen sie so sehr, dass sie sich weigern, ihren Namen auch nur auszusprechen, und sie stattdessen nur »diese Frau« nennen oder ähnliche Umschreibungen benutzen. Ihr Name gilt wie der Name Jesu als heilig. Deshalb ist dieser Name für die Dämonen abstoßend und eine Gnade für jene, die ihn mit Verehrung aussprechen.

Tagebuch eines Exorzisten 38

Die zwei werden eins

Vor einiger Zeit kam eine Frau zu uns, die Anzeichen dämonischer Belastung zeigte. Nach eingehender Überprüfung wurde klar, dass ihr Mann für die »offene Tür« verantwortlich war, durch welche die Dämonen eingedrungen waren. Der Ehemann hatte ein moralisches Problem, nicht seine Frau. Und doch zeigten sich die Symptome einer dämonischen Präsenz bei ihr.

Deshalb war es wichtig, dass beide Ehepartner anwesend waren, als die Befreiungsgebete gesprochen wurden. Denn ohne die Mitarbeit des Mannes und ohne seine Bereitschaft, sein Leben zu ändern, wäre es für die Frau schwierig geworden. Für uns ist es eine Selbstverständlichkeit, dass in einem solchen Fall beide, der Ehemann und die Ehefrau, bei jeder Gebetssitzung anwesend sind.

Das Sakrament der Ehe spricht davon, dass die beiden Eheleute eins werden. Unsere Erfahrung zeigt, dass das in der Tat geschieht. Die Partner werden ein Fleisch und gehen eng verbunden durch die Höhen und Tiefen ihres Lebens, teilen miteinander die Gnaden und die Misserfolge. Sie sollten zusammen beten, den Gottesdienst zusammen besuchen und sich gegenseitig auf dem Weg zur Heiligkeit unterstützen. Und bevor sich einer der beiden Eheleute auf ein ungehöriges Verhalten einlässt, sollte er bedenken, welches Leid sein Verhalten für beide mit sich bringen könnte.

Tagebuch eines Exorzisten 39

Lass dich auf kein Gespräch mit dem Teufel ein

Wiederholt hat Papst Franziskus die Menschen davor gewarnt, sich auf ein Gespräch mit dem Teufel einzulassen. Er sagte: »Sobald du mit Satan sprichst, bist du verloren [...]. Er ist intelligenter als wir.«[27] In der Tat ist Satan der Vater der Lüge und ein meisterhafter Verführer der menschlichen Seele. Darum ermahnt uns der Heilige Vater, keinesfalls den Teufel direkt anzusprechen, es sei denn, man fordert ihn auf zu verschwinden.

Die einzige Ausnahme gilt wahrscheinlich für den Exorzismus. In einem solchen Fall kann der Exorzist den Dämonen befehlen, ihre Namen zu nennen, zu verraten, wie sie Zugang zu der Person fanden, versuchen herauszubekommen, wann sie verschwinden werden und jede weitere Information zu erhalten, die einen Bezug zum Auftrag, die Dämonen auszutreiben, hat. Mehr sollte er allerdings nicht erfragen.

Eines Tages habe ich einen Fehler gemacht. Der Dämon behauptete, er sei Luzifer. Kurz darauf tauchte der Name »Satan« auf.

27 Max Rossi, »Satan Is ›More Intelligent Than Us‹, Don't Converse with Him – Pope Francis«, 13. Dezember 2017, https://politicallybrewed.com/satan-is-more-intelligent-than-us-dont-converse-with-him-pope-francis-russia-today/.

Das veranlasste mich zu der Frage: »Handelt es sich bei den beiden um dasselbe Wesen?« Die Antwort lautete: »Die beiden sind ein und dasselbe Wesen.« Dann fiel mir ein, was ich kurz zuvor bei Pater Gabriele Amorth, dem bekannten Exorzisten aus Rom, gelesen hatte, der der Meinung war, es handle sich um zwei verschiedene Wesen. Deshalb erwiderte ich in etwa: »Pater Amorth sagt aber, dass es sich um zwei verschiedene Wesen handelt.«

Das war ein Fehler. Ich hatte mich von der Neugier beeinflussen lassen und damit hatte ich mich ein Stück weit der Sünde des Stolzes schuldig gemacht. Das war eine Einladung für die Dämonen und sie haben sich daraufgestürzt. In den nächsten 24 Stunden prasselten jede Menge dämonischer Heimsuchungen auf mich ein – alle Arten von heftigen Versuchungen und Angriffen. Glücklicherweise hörten diese Angriffe schließlich auf, nachdem ich Buße getan und gebetet hatte.

Die Ermahnung des Papstes, keinesfalls mit Satan zu reden, ist wichtig, nicht nur weil Satan uns überlisten, sondern weil dies ihm auch einen Zugang zu unseren Köpfen öffnen würde. Es hat überhaupt nichts mit Spaß zu tun, dämonischen Heimsuchungen ausgesetzt zu sein. Im schlimmsten Fall kann es fatale Folgen haben. Ich kann Ihnen jedenfalls versichern, dass ich nun sehr viel sorgfältiger darauf achte, keine Grenzen mehr zu überschreiten.

Theologische Betrachtung

Dämonen befragen

Wenn die Dämonen sich in einer besessenen Person in vollem Umfang zeigen, können sie ihre Persönlichkeit für eine begrenzte Zeit übernehmen. Wenn das geschieht, tritt die Persönlichkeit der heimgesuchten Person in den Hintergrund. Einige Dämonen sind stumm und geben nichts von sich. Viele reden jedoch.

Was aus dem Mund einer besessenen Person kommt, die vollständig von Dämonen beherrscht wird, sind in der Regel hässliche und negative Lügen, mit denen andere beschuldigt werden. Oft weise ich neue Exorzisten und insbesondere auch die Besessenen selbst darauf hin, dass es sich bei allem, was aus dem Mund eines Dämons kommt, um Lügen oder eine Manipulation handelt.

Mit seiner Vollmacht kann der Exorzist jedoch den Dämonen befehlen, die Wahrheit zu sagen. Wenn sie schwach genug sind oder wenn es Gottes Wille ist, dann sind sie gezwungen, die Wahrheit zu sagen. Zu diesem Zeitpunkt kann der Exorzist wertvolle Informationen sammeln, die im Verlauf des Exorzismus hilfreich sein können.

Wie an anderer Stelle bereits erwähnt, wird der Exorzist sinnvollerweise danach fragen, wie viele Dämonen anwesend sind und wie die Namen ihrer Anführer lauten, auf welchem Weg sie Zugang zu der Person fanden, was nötig ist, um sie auszutreiben, wann sie verschwinden werden – und nach anderen Informationen, die für den Exorzismus relevant sind.

Es ist nicht ratsam, Fragen zu stellen, die mit dem Exorzismus nichts zu tun haben, sondern nur die Neugier des Exorzisten in theologischer Hinsicht befriedigen. Das bietet den Dämonen die Gelegenheit, den Exorzisten selbst zu befallen, der schnell feststellen wird, dass der Exorzismus schiefgeht und dass sie seinen Verstand mit dämonischen Trugbildern angreifen.

Tagebuch eines Exorzisten 40

Keinen Handel mit Dämonen eingehen

Mitten in einem Exorzismus sagte der an vorderster Front agierende Dämon: »Ich möchte eine Vereinbarung mit dir treffen.«

Ich antwortete: »Du möchtest eine Vereinbarung mit mir treffen? Ich bin zu einer Vereinbarung bereit. Hier ist sie: Du verschwindest.«

Keine Antwort.

Ungefähr eine Stunde später verschwand der Dämon mit seinen Gehilfen. Er wusste, dass er angeschlagen war, und hatte deshalb versucht, eine Vereinbarung zu treffen.

Es gibt nur eine Gruppe, mit der man noch schlechter Vereinbarungen treffen kann als mit Terroristen, und das sind die Dämonen. Sie tricksen und sie lügen. Selbst wenn Satan Ihnen etwas verspricht, wird er seine Zusage nicht halten und in der Folge Anspruch auf Ihre Seele erheben.

Im Laufe der Jahre haben wir eine Anzahl von Menschen exorziert, die in der einen oder anderen Form Abmachungen mit Satan getroffen hatten. Manche haben einen eindeutigen Pakt durch satanische Rituale geschlossen. Andere haben sich eher unbewusst durch okkulte Praktiken darauf eingelassen. Eine Hexe oder einen Schamanen um einen Gefallen zu bitten, wie zum Beispiel um Heilung oder Wohlstand oder um einen Liebeszauber, kommt einer Abmachung mit Satan gleich. Und eine solche Abmachung wird niemals gut enden.

Es gibt jedoch ein Heilmittel dagegen. Das Kreuz Jesu Christi kann jeden Pakt mit Satan aufheben, unabhängig davon, was Satan oder irgendjemand sonst von sich gibt. Die Person muss wahrhaft bereuen und Gott um Vergebung und Hilfe bitten. Ist die Sünde erst einmal gebeichtet und die Absolution erteilt, dann ist der Pakt hinfällig und die betreffende Person kehrt wieder in Gottes Gnade zurück.

Das heißt jedoch nicht, dass die Dämonen, die die Person heimsuchen, schnell verschwinden. Es kann eher zu einem längeren Kampf kommen. Zwar ist die Person bereits gerettet, doch das Austreiben der Dämonen geht in der Regel nicht schnell vor sich.

Was man daraus lernen kann, liegt auf der Hand: Vereinbarungen mit Dämonen zu treffen ist tatsächlich eine sehr schlechte Idee.

Tagebuch eines Exorzisten 41

Es gibt keine guten Hexen

Ein junger Mann Mitte dreißig kam zu mir und bat um Hilfe. Er erzählte, er betreibe seit sieben Jahren Hexerei und habe einen eigenen Hexenzirkel gegründet. Er sagte: »In unserer Gegend existiert eine ganze Reihe von Hexenzirkeln.« Er wolle die Hexerei weiter betreiben, fuhr er fort, weil ihm das viel Kraft verleihe. Allerdings befürchte er, dass er dadurch besessen würde.

Und in der Tat war etwas Finsteres um diesen Menschen. Er wirkte mürrisch und verschlossen. Ich wies ihn darauf hin, dass seine okkulten Praktiken ihn unweigerlich mehr und mehr in die Finsternis ziehen würden. Er stimmte zu und meinte, dass ihm klar sei, dass das zutreffe.

Er kam dann zu einigen wenigen Sitzungen und brach danach ab. Er wollte die Zauberei nicht aufgeben. Wir schließen ihn in unsere Gebete ein.

In manchen gesellschaftlichen Kreisen ist es heutzutage eine beliebte Beschäftigung, Hexerei zu betreiben und Zaubersprüche und Flüche einzusetzen. Es gibt eine Vielzahl von Internetseiten, Filmen und anderen Medien, die sich diesem Thema widmen, manche sprechen damit sogar Kinder an. Disney zum Beispiel hat eine Zeichentrickserie produziert, in der ein Mädchen das Böse mithilfe ihrer Zauberei bekämpft.

Hexen und Zauberer beziehen ihre Macht von Satan. Auch

wenn manche, die die Zauberei praktizieren, Wert darauf legen, dass sie nur ein Kanal für »gute Energien« seien und sich selbst für »gute Hexen« halten, so beziehen sie ihre Kraft doch vom Teufel, egal wie gut ihre Absichten auch sein mögen. Die Befugnis, Zaubersprüche und Verfluchungen auszusprechen, kommt nicht von Gott. So steht im Buch Deuteronomium: »Es soll bei dir keinen geben [...] der Losorakel befragt, Wolken deutet, aus dem Becher weissagt, zaubert, Gebetsbeschwörungen hersagt oder Totengeister befragt, keinen Hellseher, keinen, der Verstorbene um Rat fragt. Denn jeder, der so etwas tut, ist dem HERRN ein Gräuel« (Dtn 18,10–12).

Jesus sagte: »Liebt eure Feinde.« Und er ging noch weiter: »Segnet die, die euch verfluchen« (Lk 6,28). Wahre Christen verfluchen niemals andere Menschen und sie versuchen auch nicht, Gutes aus anderen Quellen zu empfangen außer von der Hand Gottes.

Hexerei stellt eine Übertretung des ersten Gebotes dar und ist geistlich sehr gefährlich. Die Tatsache, dass sie weithin verbreitet ist und sogar unter Kindern propagiert wird, ist beängstigend. Es gibt viele Gründe dafür, dass die Nachfrage nach einem Exorzismus heute stark zunimmt. Das ist einer davon.

Tagebuch eines Exorzisten 42

Von Satan gebrandmarkt

Als Jason aufwachte, entdeckte er ein ausgesprochen hässliches, etwa zehn Zentimeter langes, umgedrehtes Kreuz, das tief in seine Schulter eingebrannt war. Er sagte, dass er seltsamerweise kaum etwas gespürt habe, höchstens ein leichtes Kribbeln. Vier Tage später war es auf einmal verschwunden.

Dummerweise hatte sich Jason um eines geschäftlichen und finanziellen Erfolges willen an Satan gewandt, zusätzlich zu seinem anderen sündhaften Verhalten. Jahre später tat er Buße und kehrte zur Kirche zurück. Satan aber hatte ihn nicht vergessen und erhob nun Anspruch auf ihn. Seine Stimme dröhnte nachts durch Jasons Kopf: »Du gehörst mir!«

Das umgedrehte Kreuz soll das Kreuz Christi nachäffen. Dass es auftauchte, ohne Schmerzen zu verursachen, und dass die Wunde dann unwahrscheinlich schnell heilte, weist auf ihren übernatürlichen Ursprung hin. Satan demonstrierte seinen Besitzanspruch in derselben Weise, wie man ein Tier mit einem Brandzeichen versieht.

Während des Exorzismus, den wir nach dem neuen Ritus durchführten, wiederholte Jason seine Taufversprechen. Er widersagte dem Teufel und seinen Werken. Ich ließ ihn ausdrücklich dreimal den Satz hinzufügen: »Ich gehöre zu Jesus. Jesus ist mein Herr und Erlöser.«

Bei der Kindertaufe betet der Priester: »Im Namen der Kirche bezeichne ich dich mit dem Zeichen des Kreuzes.« Ich wiederholte diese Worte des Sakraments und betete dann über Jason: »Ich berufe mich auf die Kraft der Schlüssel des heiligen Petrus und die Vollmacht der Kirche, indem ich jedweden Bund zwischen Jason und dem Teufel löse. Jesu Tod und Auferstehung macht alle Ansprüche rückgängig, die Satan auf ihn zu haben glaubt. Ich erhebe den Anspruch auf Jason für Christus, unseren Erlöser. Im heiligen Namen Jesu setze ich ihn frei.«

Im Grunde ist jeder Exorzismus ein Zurückweisen des Herrschaftsanspruchs Satans. Durch die Taufe gehören wir ganz zu Christus, unserem Retter. Im neuen Exorzismus-Rituale ist die Erneuerung des Taufsakraments enthalten und durch diese Anwendung wird eine Seele aufs Neue aus den Fängen Satans befreit. Meine Erfahrungen haben mich zu einer tiefen Wertschätzung und Dankbarkeit für das Sakrament der Taufe und ihre Kraft, uns vom Bösen zu befreien, geführt.

Tagebuch eines Exorzisten 43

Handelt es sich bei Terroristen um Besessene?

In unseren Tagen ist eine neue Art von Terroristen aufgekommen, die wie einsame Wölfe abscheuliche Gewalttaten gegen Unschuldige, auch gegen Kinder, begehen und sich schließlich selbst töten. Wer führt derartig sinnlose, schreckliche Dinge aus? Einige sind der Meinung, die Terroristen müssten besessen sein. Andere halten diese Gewalttäter für geisteskrank. Neueste Untersuchungen aber haben ergeben, dass viele von ihnen nicht an einer Geisteskrankheit leiden. Sie leiden auch an keiner Psychose.

Eine Studie ergab, dass die Mehrheit dieser Täter »frühkindliche Traumata« erfahren habe und »Gewalt ausgesetzt« gewesen sei.[28] Das habe bei einigen von ihnen dazu geführt, dass sie unter Angstzuständen, Depressionen oder Selbstmordgedanken litten oder einer Kombination von allem. Ich habe Hunderte Menschen behandelt, die solche Traumata erlebt haben, doch keiner von ihnen hat begonnen, unschuldige Schulkinder umzubrin-

---

28 Jillian Peterson and James Densley, Op-Ed: We Have Studied Every Mass Shooting Since 1966. Here's What We've Learned about the Shooters, in: Los Angeles Times, August 4, 2019, https://www.latimes.com/opinion/story/2019-08-04/el-paso-dayton-gilroy-mass-shooters-data.

gen. Warum hat der Einsame-Wolf-Terrorist schließlich eine solch schreckliche Tat begangen?

Aus der Studie geht hervor, dass die Angreifer aus »Wut und Verzweiflung« gehandelt haben, die auf »erfahrene Kränkungen« zurückzuführen sind. Andere Untersuchungen verweisen auf Narzissmus und den Wunsch, öffentliche Aufmerksamkeit zu erregen. Die Täter sind in der Regel einsam und isoliert. In ihnen steckt viel irrationale Wut und Rachsucht.

Es sollte beachtet werden, dass Satan eine ähnliche emotionale Haltung aufweist. In seinem Zorn meint er, dass Gott ihn ungerecht behandelt habe. Er ist selbstsüchtig, hochmütig und gewalttätig. Er ist emotional isoliert und hat keine Beziehungen zu anderen Wesen. Er will sich nur rächen.

Bevor er drei Menschen tötete, 16 weitere verletzte und schließlich sich selbst erschoss, postete der Amokläufer von 2014 in Fort Hood Folgendes: »Ich habe meinen inneren Frieden verloren, bin voller Hass und glaube, dass der Teufel Besitz von mir ergreifen wird.«[29] Mag sein, dass er das nur symbolisch meinte, sein Gemütszustand und seine Tat passen jedoch genau zum Dämonischen. Tatsächlich ist die übliche Botschaft, die die Besessenen in ihren Köpfen hören, eine Aufforderung, anderen Menschen Gewalt anzutun und sich dann selbst zu töten.

Ich glaube nicht, dass wir davon ausgehen können, dass all diese Einsame-Wolf-Terroristen besessen sind. Viele haben sich jedoch in einen dämonischen Geisteszustand hineinmanövriert und begehen dann schlimme Taten, die mit Satans Plänen im Einklang sind. Wir sollten potenzielle Amokläufer in jedem Fall

---

29 Bryan Llenas, Fort Hood Shooter Ivan Lopez's Chilling Facebook Post: ›The Devil Will Take Me… Green Light and Finger Ready‹, in: Fox News, updated January 11, 2017, https://www.foxnews.com/world/fort-hood-shooter-ivan-lopezs-chilling-facebook-post-the-devil-will-take-me-green-light-and-finger-ready.

unterstützen, damit sie psychologische Beratung erhalten und so mit ihren Traumata, ihrer Einsamkeit und ihrer Wut umzugehen lernen. Ich vermute, dass sich Befreiungsgebete bei einigen von ihnen positiv auswirken würden.

Theologische Betrachtung

Wie lange wird es dauern?

Eine der häufigsten Fragen, die mir sowohl die Betroffenen als auch die Anfänger unter den Exorzisten stellen, lautet: »Wie lange wird es dauern?« Sie wollen wissen, wie lange es dauern wird, bis die heimgesuchte Person von den Dämonen vollkommen befreit sein wird.

Neulich erzählte mir ein Mann, dass bei ihm ein Exorzismus durchgeführt wurde und er jetzt enttäuscht sei. Er sagte, dass der Exorzismus bei ihm fehlgeschlagen sei. Er meinte damit eine Sitzung mit dem Exorzisten, die nicht zum sofortigen Rückzug der Dämonen führte.

Manche Leute erwarten, dass der Priester ihnen die Hände auflegt und magische Worte spricht, woraufhin die Dämonen automatisch verschwinden.

In Wirklichkeit handelt es sich bei einem Exorzismus um einen schweren Kampf. Die Dämonen haben nicht die Absicht, die besessene Person zu verlassen, und kämpfen bis zum bitteren Ende. Sie sind unglaublich zäh und sind es gewohnt, Leiden zu erdulden. Doch trotz der heftigen Qualen, die sie bei einem Exorzismus erfahren, geben sie nicht so leicht auf. Sie sind wie Tiere, die mit ihren Krallen ihr Opfer verletzen und sich daran festklammern. Man braucht viel Beharrungsvermögen und etliche Anstrengungen, um sie zu veranlassen, von der betroffenen Person abzulassen und zu verschwinden.

Ich tröste mich immer mit den Worten von Pater Gabriele Amorth: »Ich bin schon zufrieden, wenn es gelingt, den Betroffenen in einem mittelschweren Fall [von Besessenheit] innerhalb von vier oder fünf Jahren Exorzismus zu befreien. Ich kenne wenige Fälle, in denen die Befreiung nur ein paar Monate in Anspruch nahm.«[30]

Bei denjenigen, die nicht vollständig besessen sind, die unter einem geringeren Grad dämonischer Präsenz leiden, wie zum Beispiel einer Umsessenheit, stellen wir meistens schon nach drei bis acht Sitzungen eine wesentliche Besserung fest, welche von vielen verschiedenen Faktoren abhängt. Selbst bei diesen weniger schweren Fällen kann es Monate oder gar Jahre dauern, bis eine vollständige Befreiung erreicht wird.

Im Falle einer vollkommenen Besessenheit dauert es üblicherweise sehr viel länger. Einige der Betroffenen können zeit ihres Lebens nicht vollkommen befreit werden. Bei anderen dauert es Jahre und wieder andere haben das Glück, in wenigen Monaten befreit zu werden. Den meisten aber geht es schon ein paar Monaten nach intensiven Exorzismus-Sitzungen deutlich besser.

Es ist unrealistisch, davon auszugehen, dass jemand, der sich jahrelang mit Hexerei, Wahrsagerei und anderen okkulten Praktiken beschäftigt hat, von heute auf morgen Befreiung finden kann. Genauso wenig können diejenigen, die jahrelang schwerste Sünden begangen haben, nicht leicht Befreiung erlangen. Sie haben sich dem Bösen viele Jahre lang ausgeliefert. Es ist demnach logisch, davon auszugehen,

30 Larry Getlen, How an Exorcist Priest Came Face-to-Face with the Devil Himself, in: New York Post, March 7, 2020, https://nypost.com/2020/03/07/how-an-exorcist-priest-came-face-to-face-with-the-devil-himself/.

dass auch der Heilungsprozess einige Jahre in Anspruch nehmen wird.

Es geht um die Umwandlung der betroffenen Person, die die Dämonen beherbergt hat. Wenn der Betroffene sich als unwirtlicher Ort für die Dämonen erweist, werden sie sich wahrscheinlich zurückziehen. Dafür ist eine intensive Läuterung und Umwandlung des Herzens nötig. Die betroffenen Personen müssen nicht zu großen Heiligen werden, um Befreiung zu erfahren, doch die tiefen Spuren, die die schlechten Praktiken in ihren Seelen hinterlassen haben, müssen nach und nach mit Gnade gefüllt werden.

Es hat mich nicht überrascht, als ich wahrnahm, dass diejenigen, die ohne eigenes Verschulden unter den Einfluss von Dämonen geraten sind, in der Regel leichter befreit werden können. Doch diejenigen, die sich ausdrücklich Satan geweiht haben, die sich durch okkulte Rituale Dämonen angetragen haben oder die bereits befreit wurden und dann wieder rückfällig geworden sind, erwartet eine ziemlich schwere Zeit, bis sie befreit werden, auch wenn es nicht unmöglich ist.

Tagebuch eines Exorzisten 44

»Wir haben gewonnen! Er ist nicht auferstanden!«

Als wir unlängst mitten in einem Exorzismus die Kraft der Auferstehung Christi anriefen, ertönte plötzlich Jubelgeschrei aus dem Mund des Dämonen: »Wir haben gewonnen! Wir haben gewonnen! Er ist nicht auferstanden!« Daraufhin brachen die anwesenden Priester ganz spontan in Gelächter aus. Ich konnte mir die Bemerkung nicht verkneifen: »Dieser Dämon benötigt eine Geschichtsstunde!«

Trotz allem haben die Dämonen große Probleme damit, die Wahrheit zu akzeptieren. Vor allem streiten sie die Tatsache ab, dass sie den Kampf verloren haben und für immer zu ewiger Finsternis verdammt sind.

Nur unter Druck gestehen sie die Wahrheit ein. Sich zur Wahrheit zu bekennen bedeutet, sich zu Jesus zu bekennen, der die Wahrheit ist. Aus diesem Grund ist das Ritual des Exorzismus auch so mächtig. Ein erfahrener Exorzist hat es einmal so ausgedrückt: »Es ist, als ob man ihnen die Wahrheit mit einem Trichter einflößen würde.« Diese Wahrheit ist für sie eine ständige Erinnerung an ihre Niederlage.

Dämonen sind blind für die Welt der göttlichen Gnade. Sie können sie nicht »einsehen« oder verstehen, wie sie wirkt. Vor allem aber können sie die Auferstehung nicht »einsehen«. Den auferstandenen Christus erkennt man nur durch die Augen des Glaubens. Dämonen sind geistlich blind.

Durch die Augen des Glaubens erkennen wir, dass Christus auferstanden ist, und damit erkennen wir die Wahrheit. Darum regiert in unseren Herzen eine ganz große Hoffnung, die eines Tages in pure Freude umschlagen wird. Unter den Dämonen gibt es nichts davon.

Tagebuch eines Exorzisten 45

Wenn Exorzisten von den Dämonen der Besessenen angegriffen werden

Einer der Priester, der am Exorzismus der Anneliese Michel in Deutschland beteiligt war, welcher einiges Aufsehen erregte, berichtete, dass er eine ganze Reihe übler Gerüche wahrgenommen habe und ihm allein beim Lesen eines Briefes, den die Besessene geschrieben hatte, schlecht wurde. Nachts spürte er eine »starke Bedrückung«, bis er Pater Pio um Fürbitte anrief, woraufhin die Belastung nachließ.

Für Exorzisten – vor allem für die geistlich besonders sensiblen – ist es keine ungewöhnliche Erfahrung, die Auswirkungen dämonischer Gewalt am eigenen Leib zu erfahren, wenn sie mit Besessenen arbeiten. Es versetzt die Dämonen in Wut, wenn ein Exorzist auftritt, um sie auszutreiben, und sie versuchen, ihn innerhalb der Grenzen, die ihnen von Gott gesetzt sind, mit der größtmöglichen Brutalität anzugreifen. Normalerweise ist der Exorzist vor schweren Verletzungen geschützt, er mag aber so manche Schikane erfahren.

Drangsaliert zu werden und die verschiedenen Arten der Schikanen kennenzulernen, kann sehr nützlich sein. Es hilft dem Exorzisten zu erkennen, ob der Betroffene tatsächlich ein dämonisches und nicht nur ein psychologisches Problem hat. Die Schikanen, mit denen der Exorzist bedrängt wird, geben ihm auch Aufschluss darüber, mit welcher Art von Dämonen er es zu tun hat, und wie er ihnen im weiteren Verlauf der Sitzungen beikommen kann. Schließlich kann das moderate Leiden des Priesters, das aus seinem Einsatz herrührt, nach Gottes Vorsehung in geistlicher Hinsicht die endgültige Befreiung der betroffenen Seele unterstützen. Dies ist ein Teil seines Dienstes.

Exorzisten sind geschützt. Außerdem erlaubt Gott dem Teufel nicht, Menschen zu töten, und das bezieht sich auch auf Exorzisten. Wenn das nicht so wäre, würde Satan jeden von uns töten. Die Exorzisten müssen jedoch in besonderen Fällen dämonische Übergriffe erdulden. Das ist eine Gnade, auch wenn sie manchmal schwer ist.

Theologische Betrachtung

Können Dämonen uns körperlich schaden?

Menschen, die sich zum ersten Mal Gedanken über Exorzismen und die Realität Satans machen, bekommen es häufig mit der Angst zu tun. Sie fürchten sich davor, was Satan ihnen antun könnte. Das gilt sogar für den einen oder anderen Priester! Mehr als nur ein paar Priester wurden von ihrem Bischof gebeten, einen Exorzismus durchzuführen, und sie lehnten es ab, weil sie fürchteten, dadurch Satans Augenmerk auf sich zu lenken.

Das ist Unfug. Gefallene Engel oder Dämonen können nur das tun, was Gott ihnen erlaubt. Gott gestattet ihnen, jeden von uns in Versuchung zu führen, zu ängstigen, dass wir von ihnen umsessen oder – nach seinem heiligen Ratschluss – einige wenige auch besessen sind. Doch letzten Endes erfüllen auch die Dämonen den Willen Gottes und müssen damit zu seiner Ehre beitragen – sehr zu ihrem Leidwesen.

Auf jeden Fall sind dem Treiben der Dämonen Grenzen gesetzt. Sie dürfen uns weder töten noch dauerhaft Schaden zufügen. Tatsächlich scheint sich der Exorzist während einer Exorzismus-Sitzung in einer Art Blase zu befinden. Zuweilen versucht der Besessene, sich auf ihn zu stürzen, hört jedoch dann abrupt auf. Manchmal streckt ein Besessener seine Hände aus, um den Priester zu würgen. Es zeigt sich jedoch, dass er dies nicht tun kann, weil eine unsichtbare Abschirmung den Priester zu schützen scheint. Ja, Gott setzt Grenzen.

Die Dämonen können die Menschen jedoch auf jede erdenkliche Art in Versuchung führen und sogar offen angreifen. Der heilige Thomas schrieb über die Bosheit, den Neid und den Hass, die durch Dämonen wirksam werden, um die Menschen zu versuchen und sie anzugreifen.[31] In der Kirchengeschichte wird von unzähligen Beispielen großer Heiliger und Mystiker berichtet, die unter direkten Angriffen Satans und seiner Dämonen gelitten haben.

Pater Pio, dem heiligen Johannes Maria Vianney, der heiligen Gemma Galgani, der heiligen Katharina von Siena und vielen, vielen anderen wurden Prellungen, blutige Nasen, Schnittverletzungen und Kratzwunden zugefügt, sie wurden geschlagen, getreten und manchmal von den Dämonen regelrecht verprügelt. Sie erduldeten diese außergewöhnlichen Prüfungen und vermehrten dadurch die Gnaden zu ihrer Heiligung. Darüber hinaus erwirkten diese auserwählten Opferseelen das Heil für so viele, indem sie das Kreuz Christi auf sich nahmen und mit ihm verbunden waren.

Das Wichtigste ist, dass Dämonen nur das tun können, was Gott zulässt. Ein Christ soll Gott vertrauen. Die meisten Menschen werden wohl kaum damit konfrontiert, außerordentliche Angriffe des Teufels über sich ergehen zu lassen. Die große Mehrheit der Gläubigen muss nicht mit körperlichen Züchtigungen durch die Dämonen rechnen. Wir müssen jedoch die alltäglichen Versuchungen durch den Teufel ertragen. Wenn wir in diesen Prüfungen im Glauben wie die Heiligen standhalten, dann trägt Gottes Gnade in uns den Sieg davon. So werden wir geheiligt und in Gottes »kleine Heilige« verwandelt.

---

31 Summa theologica, I, q. 114, art. 1, 2.

Tagebuch eines Exorzisten 46

Warum sollte man Angst haben?

Während der heutigen Sitzung wurde ich wieder angespuckt. Das erinnert mich an etwas, was jeder Exorzist ziemlich schnell lernt: Dämonen hassen Priester!

Tatsächlich hassen sie nicht mich, sondern ihr Hass gilt Jesus. Wenn sie einen Priester sehen, sehen sie Jesus, und dann schlagen sie mit allem, was ihnen zur Verfügung steht, in blindem Zorn um sich. Paradoxerweise tragen auch ihr Hass und ihre Gewalt dazu bei, den Willen Gottes zu erfüllen.

Satan stachelte die Menschen dazu auf, Jesus zu töten, und das war Satans Verderben. Ich versuche, das Spucken, die Flüche und all die anderen Beleidigungen, die sie mir an den Kopf werfen, aufzuopfern für die Befreiung der Seelen, für die wir beten. Naturgemäß schaden sich die Dämonen mit ihrer Bösartigkeit und ihrer Gewalttätigkeit nur selbst.

Mit den Jahren habe ich gelernt, all das gelassener hinzunehmen. Unabhängig davon, was geschieht, trägt Jesus den Sieg davon. Unabhängig davon, was die Dämonen unternehmen, sie werden verlieren. Das ist unvermeidlich.

Es ist so ähnlich, als ob man ein Basketballspiel ansieht und von vornherein weiß, dass die eigene Mannschaft gewinnen wird – großartig! In diesem Fall kann man sich zurücklehnen und Spaß am Spiel haben.

So sollten es alle halten, die Jesus nachfolgen. Macht euch keine Sorgen! Jesus siegt und wir siegen mit ihm. Warum also sollten wir Angst haben?

Tagebuch eines Exorzisten 47

Der Dämon der Depression

Als ausgebildeter Psychologe habe ich viele Menschen behandelt, die unter klinischer Depression leiden. Es gibt viele Arten von Depression. Die meisten sind therapierbar. Normalerweise hilft hier eine Kombination aus Medikamenten und Psychotherapie. Es gibt jedoch auch depressive Störungen, die durch eine Behandlung nicht behoben werden können, wofür es eine Vielzahl von Gründen gibt.

Vor einiger Zeit beteten mein Team und ich über einer Person, die massiv in okkulte Praktiken verstrickt war. An einem gewissen Punkt sagte einer unserer spirituell besonders begnadeten Mitarbeiter zu dem Betroffenen: »Es scheint, als ob ein Geist der Depression auf dir lasten würde.« Dieser bestätigte, dass er erst seit Kurzem an einer schweren Depression erkrankt sei. Ich ließ ihn folgende Worte sprechen: »Ich sage mich von allen bösen Geistern der Depression los und befehle ihnen in Jesu Namen, von mir abzulassen.« (Laien haben Autorität über ihren eigenen Körper und können den Dämonen in Jesu Namen den Befehl erteilen, sie zu verlassen.)

Dann bekräftigte ich: »Als Vertreter der Kirche berufe ich mich auf die Schlüsselgewalt des heiligen Petrus und gebiete dem Dämon der Depression, die Person zu verlassen.« Schon nach wenigen Sekunden spürte der Betroffene, wie sich das Dunkel über ihm lichtete und er sich wesentlich besser fühlte. Das ist bis heute so geblieben.

Eine bewusste Hinwendung zum Dämonischen führt unweigerlich in die Dunkelheit, in die Niedergeschlagenheit. Obwohl dieser Zustand einer Depression gleicht, ist er in der Regel nicht medikamentös oder psychotherapeutisch behandelbar. Wenn wir dann fortfahren, die heilende Kraft Jesu herabzurufen und den bösen Geistern gebieten, den Betroffenen zu verlassen, zeigen sich umso deutlicher die Anzeichen der Besserung. Die Dunkelheit, die auf ihm lastete, vergeht und er bekommt ein wachsendes Gespür für die ihn umgebende Helligkeit, Freude und den Frieden.

Kommt ein Mensch mit Depressionen zu uns, dann empfehlen wir ihm, zuerst einen Facharzt aufzusuchen, der seinen psychischen Gesundheitszustand untersucht, und vielleicht einen Psychiater, der ihm Medikamente verschreibt. Zeigen diese Maßnahmen keine Wirkung und gibt es Anzeichen, dass eine dämonische Präsenz dahintersteckt, dann sind eher intensive Befreiungsgebete angebracht, die dem Dämon der Depression befehlen, den Betroffenen zu verlassen.

Tagebuch eines Exorzisten 48

Krank machende Kristalle

Eine der Frauen, die ich geistlich begleite, erzählte mir vor Kurzem, dass sie sich seit einiger Zeit nicht wohlfühle. Daraufhin hätte ihr ein wohlmeinender christlicher Freund ein paar Kristalle geschenkt. Er sagte ihr, dass diese Steine sich gut auf ihre Gesundheit auswirken würden. Seither hat sich ihr Gesundheitszustand stark verschlechtert.

Sie beschrieb mir diese Kristalle und ich trug ihr auf, sie das nächste Mal mitzubringen. Dann segnete ich die Steine und warf sie weg. Sofort ging es der Frau besser. Die Steine hatten sie krank gemacht.

Viele Menschen meinen, etwas Gutes zu tun, sind jedoch in okkulte Praktiken verwickelt, durch die satanische Mächte herbeigerufen werden. Gute Hexen? Heilende Kristalle? Weiße Magie? Wenn Gott nicht mit einbezogen wird, bleibt als Alternative nur noch Satans Macht – und das ist alles andere als gut, unabhängig davon, welche Absichten der Betreffende hat.

Theologische Betrachtung

Okkulte Praktiken – eine Einladung an Dämonen

Die Bibel verurteilt ganz deutlich jede Art von okkulten Handlungen: »Es soll bei dir keinen geben, der [...] Losorakel befragt, Wolken deutet, aus dem Becher weissagt, zaubert, Gebetsbeschwörungen hersagt oder Totengeister befragt, keinen Hellseher, keinen, der Verstorbene um Rat fragt. Denn jeder, der so etwas tut, ist dem HERRN ein Gräuel« (Dtn 18,10–12).

Der Katechismus bekräftigt dieses Verbot und weist darauf hin, dass jede Übertretung einem Verstoß gegen das erste Gebot gleichkommt und eine Zuwiderhandlung gegenüber der Verehrung, die Gott allein gebührt, darstellt. »Sämtliche Formen der Wahrsagerei sind zu verwerfen: Indienstnahme von Satan und Dämonen, Totenbeschwörung [...] Astrologie, Handlesen [...] Befragen eines Mediums [...]. Sämtliche Praktiken der Magie und Zauberei [...]. Auch das Tragen von Amuletten ist verwerflich« (KKK 2116–2117).

Kristalle zu benutzen, um Dämonen zu bannen, Flüche auszusprechen oder magische Heilungsenergien heraufzubeschwören, fällt eindeutig unter dieses Verbot. Das sind sündhafte, okkulte Handlungen, die den Dämonen Tür und Tor öffnen. Ein Mensch, der sich dieser Dinge bedient, mag vorgeben, dass er nicht überblicken konnte, worauf er sich da eingelassen hat. Die Antwort ist eindeutig: »Du hättest es wissen müssen.«

Tagebuch eines Exorzisten 49

Welche Stimmen lässt du in deinem Innersten zu?

Während einer Sitzung verspotten die Dämonen häufig die Anwesenden. Sie demütigen sie und haben es dabei besonders auf den Exorzisten abgesehen. Sie versuchen, uns zu demoralisieren und setzen dafür sogar heilige Symbole ein. In den zurückliegenden Jahren haben sie mich schon für so manches kritisiert: »Du liest nicht jeden Tag die heilige Messe« (ich hatte das tatsächlich ein paar Tage lang versäumt). »Einige von euch, die hier anwesend sind, haben heute noch keine Beichte abgelegt« (woraufhin der Dämon die Namen der Betreffenden aufzählte). »Du hast die Stola nicht geküsst, bevor du sie angelegt hast« (nach der kirchlichen Tradition küsst ein Priester das Kreuz auf der Stola, bevor er sie anlegt).

Die Dämonen machen sich keine Sorgen über den Zustand meines geistlichen Lebens. Sie versuchen, mein Selbstwertgefühl zu zerstören. Doch sie haben damit nur erreicht, dass ich darauf achte, das Kreuz auf meiner Stola zu küssen, dass ich jede Woche die Beichte ablege und unter allen Umständen täglich die Messe lese.

Wir alle kennen diese kleinen Stimmen im Ohr. Ständig erhalten wir Botschaften, einige richten uns auf, doch viele versuchen, uns niederzudrücken. Letztere wollen uns weismachen, dass wir dem Leben nicht gewachsen sind, dass wir nicht gut genug sind, dass wir allein sind und niemand sich um uns kümmert, dass es für uns einfach keine Hoffnung gibt. Diese Stimmen legen es darauf an, uns zu beschämen. Es sind Botschaften von Satan, unabhängig davon, mit welcher religiösen Symbolik sie verkleidet sind.

Gottes Botschaften sind voller Liebe und Unterstützung. Gott sagt uns zu, dass wir geliebt sind und dass uns vergeben wird und wir in seinem Reich willkommen sind. Niemals wendet Gott seine Augen von uns ab. Er wird auch nie aufhören, sich mit Botschaften der Liebe und Barmherzigkeit an uns zu wenden.

Halten Sie im Laufe des Tages einen Moment inne und beachten Sie die Stimmen, die Sie in Ihrem Innersten hören. Wenn eine dieser Botschaften Sie mit Freude und Frieden erfüllt, dann kommt sie von Gott. Wenn sie Sie jedoch niederdrückt, dann ist es die Stimme des Teufels. Immer wenn Sie solche »Mitteilungen« erhalten, erteilen Sie dem Bösen eine Absage und wenden sich vertrauensvoll an Ihren Vater, der Sie liebt.

Tagebuch eines Exorzisten 50

Amerika braucht Befreiung

Ich liebe Amerika, doch es hat Hilfe nötig. Normalerweise beurteilen wir, ob bei einem Menschen eine dämonische Belastung vorliegt. Wenn wir heute unser Land als Ganzes in gleicher Weise beurteilen müssten, bekämen wir unübersehbare Hinweise darauf, dass unser Land unter dämonischem Beschuss steht.

Erstens stehen eine ganze Menge Türen dem Dämonischen offen. Es gibt einen erheblichen Rückgang in der Glaubenspraxis der Menschen. Das führt zu einem bedrohlichen Verlust des geistlichen Schutzes. Außerdem widmen sich immer mehr Leute der Zauberei und Hexerei, verwenden Ouija-Bretter und üben okkulte Praktiken aus, die eine Einladung an das Dämonische darstellen. Es werden in den USA jährlich fast eine Million Abtreibungen vorgenommen und wir haben festgestellt, dass auch dies ein riesiges Einfallstor für das Dämonische ist. Und weitere sündhafte Verhaltensmuster wie Internetpornografie, Drogenmissbrauch und sexuelle Perversion sind auf dem Vormarsch. Die Sünde verschafft dem Bösen immer mehr Zugang zu unserem Leben.

Zweitens beobachten wir, dass in unserem Land eine dämonisch beeinflusste Denkweise in der Gesellschaft Einzug hält. Erste Anzeichen auf dämonisches Wirken sind Zwietracht und Streit. Die Konflikte nehmen riesige Ausmaße an. Drastisch angestiegenes Empfinden von Traurigkeit, Hoffnungslosigkeit sowie verübte Selbstmorde sind ein typisches Zeichen für das Wirken der Dämonen. Seit Jahren steigt die Selbstmordrate in den USA an (laut der Statistik von 2018 der CDC, einer Behörde des amerikanischen Gesundheitsministeriums). Auch Wut- und Gewaltexzesse sind oft auf dämonisches Einwirken zurückzuführen. Ein Zeichen dafür ist die stete Zunahme terroristischer Anschläge. Schließlich sehen sich Satan und seine Lakaien als Opfer und eine solche Opfermentalität breitet sich gegenwärtig enorm in den Vereinigten Staaten aus.

Das alles sind beunruhigende Entwicklungen, die auf einen wachsenden Einfluss Satans und seiner Lakaien auf unser Land hinweisen. Natürlich hat Satan nicht das letzte Wort. Gott hat das Sagen, und seine Pläne können niemals vereitelt werden. Dennoch bin ich der Meinung, dass unser Land zunehmend im Bann von Dämonen steht (auch wenn es noch nicht als vollkommen besessen gelten kann).

Was ist zu tun? Man beginnt damit, die Türen für die Dämonen zu schließen, so wie wir es auch den Menschen ans Herz legen, die belastet zu uns kommen. Hört auf zu sündigen, hört mit den okkulten Praktiken auf und beginnt, das Leben im Glauben an Gott zu führen. Auf eine allgemeine nationale Umkehr oder ein spektakuläres Einschreiten Gottes zu warten oder gar auf beides, ist unrealistisch. Tatsächlich scheinen alle Trends in die falsche Richtung zu gehen.

Aber noch ist nicht alles verloren! Es ist immer wieder vorgekommen, dass das kleine Boot des heiligen Petrus mit seiner ebenso kleinen Schar von Gläubigen an Bord das Gericht Gottes abwenden und den Herrn bewegen konnte, sein Volk aufs Neue in ganz besonderer Weise zu segnen. Die erlösende Gnade, die Jesu Tod und Auferstehung uns erwirkt hat, ist unendlich und unser barmherziger Gott sehnt sich danach, diese Gnade über uns auszugießen.

Was müssen wir tun? Gott und die Menschen lieben – von ganzem Herzen. Niemanden verurteilen – ob er links oder rechts steht, liberal oder konservativ ist, Republikaner oder Demokrat, schwarz oder weiß. Beständig beten. Die selige Jungfrau Maria fürbittend anrufen. Beten, dass unsere schwachen Gebete und kleinen Opfer vom Heiligen Geist erfüllt sein mögen und an der Erlösungstat Jesu teilhaben. Auf diese Weise werden sie reiche Frucht tragen.

Gott wird die Vereinigten Staaten nicht ihrem Schicksal überlassen. Ich bin überzeugt, dass ihnen eine besondere Rolle im göttlichen Heilsplan zukommt. Allerdings ist der Einfluss der dämonischen Mächte in unseren Tagen spürbar geworden. Das Land braucht uns und unsere Gebete – heute mehr denn je.

Tagebuch eines Exorzisten 51

Ecce crucem Domini, Teil 1

Üblicherweise frage ich am Ende einer jeden Sitzung die betroffene Person, wie es ihr ergangen ist. Das verschafft mir eine wichtige Information. Ihr wertvolles Feedback gibt mir einen Hinweis darauf, was offenbar wirksam war und die anwesenden bösen Geister am stärksten traf. Die verschiedenen Dämonen reagieren unterschiedlich auf diverse Sakramentalien und Gebete.

Vor Kurzem bat ich im Anschluss an eine Sitzung den Betroffenen, mir zu berichten, was geschehen sei. Er antwortete: »Als Sie das Kreuz in die Höhe hoben, spürte ich, wie etwas meinen Körper verließ.« Er bezog sich auf den Augenblick, in dem der Exorzist das Kreuz hochhält und den Dämonen gebietet, die Person zu verlassen. Der wahrscheinlich bekannteste Satz, seit jeher Bestandteil des Exorzismus-Ritus, ist folgender Befehl: *Ecce crucem Domini, fugite partes adversae* – »Seht das Kreuz des Herrn! Flieht, ihr feindlichen Mächte!«.

Ich habe Hollywoodfilme gesehen, in denen der Exorzismus nachgeahmt wird. Dort wird der Augenblick, in dem das Kreuz hochgehalten und der Befehl erteilt wird, ins Lächerliche gezogen. Ich kann Ihnen versichern, dass nichts weiter von der Wahrheit entfernt sein könnte. Es ist ein eindrucksvoller und starker Moment, wenn der Exorzist als der Repräsentant der Kirche, die von Jesus selbst gegründet und mit seiner ganzen Autorität ausgestattet wurde, das Symbol für Satans Niederlage emporhält und ihm gebietet, die Person zu verlassen.

So viele Leute haben heutzutage Angst vor Satan, obwohl es unvernünftig ist. Diese Furcht hätten sie jedoch nicht, wenn sie den Schrecken und die absolute Hilflosigkeit Satans sehen würden, die ihn überkommen, wenn er gezwungen wird, auf das Kreuz Christi zu blicken. Sie würden vielmehr aus tiefstem Herzen Ehrfurcht und Dank empfinden für die unendliche Gnade, die der Tod Jesu und seine Auferstehung für sie bedeutet, und sie würden sich verbeugen vor dem Einen [Gott], der wahrhaft allmächtig ist.

Tagebuch eines Exorzisten 52

Ecce crucem Domini, Teil 2

Ecce crucem Domini, fugite partes adversae – es ist sicher kein Zufall, dass diese alte Formel aus dem Exorzismus-Ritual das Erste ist, was ein Pilger liest, wenn er den Petersplatz im Vatikan betritt. Dieses machtvolle Gebet, dieser Befehl, ist in den Sockel des ägyptischen Obelisken eingraviert, der sich in der Mitte des Platzes erhebt. Die Heilige Stadt ist der Ort, an dem Petrus gekreuzigt wurde, und der Sitz seiner Nachfolger. Alle, die den Petersplatz besuchen, sollten vom Bösen geläutert sein, bevor sie diesen heiligen Ort betreten.

Den Obelisken ließ Pharao Menkaure 1835 v. Chr. ursprünglich zu Ehren des Sonnengottes anfertigen. Viele Hundert Jahre später stellte die Kirche ihn auf den Sockel, auf dem das Gebet angebracht wurde, und platzierte auf seiner Spitze ein großes Bronzekreuz, das als Reliquie einen Splitter des Kreuzes Christi enthält.[32] Es war zweifellos nötig, dieses heidnische Monument einer geistlichen Reinigung zu unterziehen!

Dasselbe gilt auch für unsere eigenen Häuser. Am Eingang jeder Wohnung sollte sich ein Weihwasserbecken befinden, damit jene, die den heiligen Schutzort der Familie betreten, sich

32 Der Obelisk auf dem Petersplatz, http://www.radiovaticana.va/tedesco/vatikanlexikon/nuovi/obelisk.htm.

besprengen und somit reinigen können. An wichtigen Stellen des Hauses sowie in jedem Schlafzimmer sollten geweihte Kruzifixe hängen. Geweihte Bilder der Jungfrau Maria und der Lieblingsheiligen der Familie sind auch sehr hilfreich. Es wird auch empfohlen, regelmäßig Segensgebete und sogar Befreiungsgebete zu sprechen. Dieses Sakramentalien sind für alle, die Befreiung brauchen, von besonderer Bedeutung.

Es müssten viel weniger Menschen Hilfe bei uns suchen, wenn sie von Anfang an die vielen Schutz bietenden Angebote der Kirche in Anspruch genommen hätten. Doch selbst unter den widrigsten Umständen ist Gott bereit zu vergeben und die rettende Gnade zu schenken, die auch die hartnäckigsten Dämonen vertreibt.

Tagebuch eines Exorzisten 53

Der junge Mann mit dem Dämonen-Tattoo

Vor einiger Zeit brachte ein gestresster Vater seinen Sohn zu mir. Der Junge gab zu, dass er regelmäßig Marihuana rauche und sich eingehend mit Dämonologie befasse. Mit einigen Dämonen habe er schon eine Beziehung aufgebaut. Einen davon kannte er bereits mit Namen, nämlich Astaroth. Er gestand ein, dass er dessen Abbild bereits als Tattoo auf seiner Brust trage. Als ich ihn nach dem Grund für sein Tun fragte, antwortete er: »Ich dachte, es würde mich zu einem besseren Menschen machen.«

Wahrscheinlich rege ich mich bei Weitem nicht so über die völlig verdrehte Darstellung Gottes, der Engel und der Dämonen in Fernseh- und Kinofilmen auf, wie es angebracht wäre. Die meisten von uns Älteren meinen, es müsse doch jedem einleuchten, dass Gott gut und Satan böse ist. Instinktiv wissen wir, dass der Teufel böse und darauf aus ist, uns zu zerstören. Wir wissen, dass Gott nur das Beste für uns will, auch wenn wir nicht den Gottesdienst besuchen und beten, wie wir es sollten.

Unglücklicherweise ist die jüngere Generation, die keinen oder nur wenig Glaubensunterricht erhalten hat, leichte Beute für diejenigen, die für die Welt des Teufels und seiner Dämonen Werbung machen. Heute verschreiben sie sich heidnischen Göttern und der Hexerei, noch andere glauben, Satan würde missverstanden und sei unser Fürsprecher, und wieder andere glauben, dass es eine gute Sache sei, Zaubersprüche auszusprechen, wie es im Fernsehen gezeigt wird.

Traurigerweise wurde der junge Mann mit dem Dämonen-Tattoo immer verschlossener, grimmiger und missmutiger. Er beabsichtigte nicht, das Marihuana-Rauchen aufzugeben, und war auf der Suche nach einer »New-Age-Kirche«, die dafür Werbung machte. Es war ihm nicht klar, dass das Tätowieren eines Dämonen-Porträts auf seinem Körper gleichzeitig ein Kennzeichen dafür ist, sich in den Dienst dieses Dämons zu stellen.

Durch Jesu Macht können wir Tattoos sozusagen »außer Kraft setzen«. Der junge Mann müsste jedoch über einen längeren Zeitraum einen Kurs in Theologie belegen und zu einer Lebensumkehr bereit sein, was er ablehnte. Exorzismus-Sitzungen sind keine Zauberei und sie sind nicht wirksam, wenn die betreffende Person vom Bösen nicht ablassen will. Ich weiß nicht, was inzwischen aus ihm geworden ist, aber wenn jemand wie er die machtvolle Gnade Gottes ablehnt, bin ich nicht sehr optimistisch.

Theologische Betrachtung

Über das »Außer-Kraft-Setzen« der Tattoos

Neulich war ich schockiert, als ich einen jungen Mann sah, der sich gerade ein Tattoo eines ägyptischen Gottes in Gestalt einer dämonisch aussehenden Kreatur mit Hörnern hatte stechen lassen. Wie schon erwähnt, handelt es sich bei vielen heidnischen Göttern in Wirklichkeit um Dämonen wie zum Beispiel bei Baal, den man gemeinhin für einen kanaanitischen Gott hält, der jedoch bei Exorzismus-Sitzungen oft als hochrangiger Dämon in Erscheinung tritt (1 Kor 10,20). Somit hat sich der junge Mann durch sein Tattoo unwissentlich einem Dämon aus der Hölle verpflichtet.

Sich tätowieren zu lassen ist heute durchaus üblich. Ohne dass wir es wussten, trug eine unserer Besessenen sogar das Abbild der Jungfrau Maria als Tattoo auf ihrer Schulter. Manche halten das Tätowieren für eine Sünde. Sie berufen sich auf Lev 19,28: »Für einen Toten dürft ihr keine Einschnitte auf eurem Körper anbringen und ihr dürft euch keine Zeichen einritzen lassen. Ich bin der HERR.« Andere vertreten die Meinung, dass man diese Bibelstelle nur im Kontext lesen kann und beziehen das Verbot ausschließlich auf Tattoos, die im Zusammenhang mit heidnischen Ritualen und somit mit einer heidnischen Botschaft gestochen werden.

Die katholische Kirche hat zu Tätowierungen noch nicht offiziell Stellung bezogen. Es ist jedoch keine gute Idee, sich Abbildungen bösartiger oder okkulter Dinge als Tattoo stechen zu lassen, da es ein Einfallstor für die dämonischen Mächte darstellt. Außerdem werden im Neuen Testament unsere Körper als Tempel des Heiligen Geistes bezeichnet und wir sollten sie auch als solche behandeln (1 Kor 6,19). Jede Entscheidung darüber, ob es angemessen ist, sich ein Tattoo stechen zu lassen, muss die Frage berücksichtigen: »Wird diese Tätowierung dazu beitragen, meinen Körper als Tempel des Heiligen Geistes zu ehren?«

Wenn jemand ein Tattoo mit dem Abbild von etwas absolut Bösem trägt, dann sollte man es entfernen lassen oder, wenn das nicht möglich ist, zumindest bedecken. Außerdem empfehlen wir, dass darüber ein besonderes Gebet gesprochen wird, das seine Wirkung außer Kraft setzt und jeden Bezug zum Okkulten tilgt, und zwar möglichst von einem Priester, der die Kirche repräsentiert. Ein solches Gebet findet man in unserer Catholic Exorcism App unter »Decommissioning Tattoos« (siehe auch www.catholicexorcism.org).

Tagebuch eines Exorzisten 54

Dämonen und Selbstmorde

Wenn ich versuche herauszufinden, ob ein Mensch unmittelbar unter dem Einfluss von Dämonen steht, dann frage ich ihn, welche Gedanken ihm die meiste Zeit durch den Kopf gehen. Die Dämonen versuchen, uns zu entmutigen. Sie möchten, dass wir alle Hoffnung aufgeben. Sie wollen unser Selbstbild zerstören und uns niederdrücken. Eine massive dämonische Belastung führt unweigerlich dazu, dass dem Betroffenen nur noch destruktive Gedanken dieser Art durch den Kopf gehen.

Damit will Satan in erster Linie erreichen, dass der Mensch verzweifelt und seinem Leben durch Selbstmord ein Ende setzt. Das war letztlich Judas' schlimmste Sünde. Er verlor die Hoffnung auf Gottes Gnade. Auch Petrus versündigte sich an Jesus, indem er ihn verleugnete. Er aber bereute es, kehrte um und wurde gerettet. Wenn jemand besessen ist, achten wir besonders darauf, ob er sich bereits mit dem Gedanken an Selbstmord trägt.

Das soll jedoch auf keinen Fall heißen, dass all jene, die Selbstmord begehen, besessen sind. Auch behaupte ich nicht, dass sie dasselbe Schicksal erleiden werden wie Judas. Dieses Urteil überlassen wir Gott. Das Ziel des Teufels ist jedoch klar: Nachdem er die Besessenen gnadenlos gequält hat, möchte er, dass sie von eigener Hand sterben.

Unser kleines Exorzisten-Team ist von der Kirche – und letzten

Endes von Jesus – ermächtigt, die bösen Geister zu schwächen und schließlich auszutreiben. Doch unser Dienst bedeutet mehr als das. Wenn wir unseren Dienst aufnehmen und beginnen, den verzweifelten Personen beizustehen, dann übermitteln wir ihnen die Botschaft, dass Jesus sich um sie kümmert und sie liebt. Er wird bei ihnen sein und ihnen helfen. Wir lassen sie wissen, dass Jesus Satan besiegt hat und dass er auch für sie einsteht. Das bringt wieder Hoffnung in das Leben der Besessenen – und in unseres. Die Hoffnung, die von Gott kommt, ist das beste Hilfsmittel gegen die Verzweiflung, die von Satan kommt.

Gelähmt durch die Dämonen

Und wieder einmal ist die Wahrheit eindrucksvoller als jede erfundene Geschichte. In unserem Dienst prüfen wir immer die Geister, um sicherzustellen, was von Gott kommt und was nicht (1 Joh 4,1). Selbst tiefgläubige Menschen können irregeführt werden, wie das bei einigen der großen Mystiker der Fall war.

An einer unserer Exorzismus-Sitzungen nahm eine Frau teil, die über ganz besondere Gaben verfügte. Gegen Ende der Sitzung fuhr einer der Dämonen aus dem Besessenen heraus und griff sie direkt an. (Dämonen können sich durch die Gegenwart solcher Personen ganz besonders bedroht fühlen und sie unternehmen alles, um sie davon abzubringen, weiterhin anwesend zu sein.) Nachdem die Sitzung beendet war, bemerkte ich, dass sie sich nicht bewegte. Dann sah sie mich an und meinte: »Ich kann meinen Körper nicht mehr spüren.« Sie war vom Kopf an gelähmt.

Natürlich machte ich mir große Sorgen, auch wenn sie selbst dabei ganz ruhig blieb. Der andere Priester und ich beteten über ihr und geboten dem Dämon, sie zu verlassen. Wir legten ihr die Hände auf und beteten viele verschiedene Gebete aus dem Exorzismus-Rituale. Nichts geschah. Sie konnte sich nicht bewegen. Mit der Zeit wurde ich immer nervöser. Würde das so bleiben? Ich begann mir das Gespräch mit ihrem Mann vorzustellen, wenn sie in diesem Zustand nach Hause käme.

Gleichzeitig weigerte ich mich zu glauben, dass es endgültig sein sollte. Gott lässt so etwas nicht zu. Dann ging mir der Gedanke durch den Kopf, dass ihre Lähmung möglicherweise daher rührte, dass der Dämon sich auf ihrer Wirbelsäule befand. Also drehte das Team ihren gelähmten Körper vorsichtig auf den Bauch. Wir legten unsere Hände auf ihre Wirbelsäule und begannen zu beten.

Nun bestätigte sie: »Ja, der Dämon sitzt auf meiner Wirbelsäule.« Nach einer Minute sagte sie: »Er ist weg.« Sie stand auf, vollständig wiederhergestellt, und wir konnten uns auf den Heimweg machen. Sie ging aus dem Zimmer, als ob nichts geschehen wäre. Unglaublich!

Wenn jemand mir von einem solchen Ereignis berichtet hätte, bevor ich meinen Dienst begonnen hatte, hätte ich ihm keinen Glauben geschenkt. Doch ich war selbst dabei. Genauso ist es geschehen. Glauben Sie mir!

Theologische Betrachtung

Was können Laien tun?

Früher galt ein Exorzist als mysteriöse, einsame Gestalt. Er erschien immer mit seiner schwarzen Tasche und vollzog irgendwelche geheimen Rituale in einer fremden Sprache. Danach verschwand er wieder. Diese Zeiten sind vorbei, wenn es sie überhaupt gegeben hat.

Heute ist ein Exorzist üblicherweise Teil eines Teams, zu dem auch noch andere Priester und viele ausgebildete Laien gehören. Den Laien obliegt eine Vielzahl unterschiedlichster Aufgaben administrativer und geistlicher Art.

Laien können auch Anlaufstelle für die Menschen sein, die um einen Exorzismus bitten. Sie können sicherstellen, dass die Aufnahmeformulare und Einverständniserklärungen ausgefüllt werden und dass die Bittsteller einige von dem Exorzisten gestellte anfängliche Fragen beantworten.

Laien, die im psychotherapeutischen oder medizinischen Bereich ein Studium abgeschlossen haben, können dabei helfen, den Betroffenen auf psychische oder körperliche Krankheiten hin zu untersuchen und vor, während und nach dem Verlauf eines Exorzismus eine geeignete medizinische Behandlung empfehlen. Sie können den Exorzisten in Bezug auf psychologische und gesundheitliche Gesichtspunkte beraten, besonders in der Phase der ersten Beurteilung, aber auch im Verlauf des Heilungsprozesses.

Oft stellen wir der belasteten Person eine Art »großen Bruder« oder »große Schwester« zur Seite, die sie während des Exorzismus in besonderer Weise unterstützt. Ein Exorzismus kann sehr anstrengend und manchmal auch entmutigend sein und sogar die Ursache für leidvolle Erfahrungen. Deshalb ist eine ausgebildete, erfahrene Begleitperson als Unterstützung an der Seite der belasteten Person wichtig, weil sie ihr zu verstehen hilft, was gerade geschieht, und sie ermutigt, den Prozess durchzustehen. Einige der Laien, insbesondere jene mit der notwendigen Ausbildung, weisen wir den belasteten Personen auch als geistliche Begleiter zu.

Während der Sitzungen fungieren sie als wichtige Mitglieder unseres Gebetsteams. Diese »Gebetskrieger« beten und fasten parallel zu den Sitzungen, unabhängig davon, ob sie anwesend sind oder nicht. Jene Laien, die direkt dabei sind, beten mit der belasteten Person während der Exorzismus-Sitzung, während der Priester die Exorzismus-Formel aus dem Rituale betet.

Wie bereits erwähnt, haben einige Laien ganz besondere Charismen, mit denen sie den Exorzisten unterstützen können, besonders in der Frage der Beurteilung. Diese geistlich Sensiblen müssen sorgfältig ausgewählt und geprüft werden. In vielen seit langer Zeit bestehenden Exorzisten-Teams gibt es zumindest eine geistlich empfindsame Person.

Einige der Anwesenden, die über größere körperliche Kräfte verfügen, sorgen für die Sicherheit aller Teilnehmer, indem sie eingreifen, wenn es notwendig wird. Auch wenn nicht alle Besessenen in dem Maße gewalttätig werden, dass sie sich selbst oder andere verletzen, so ist es doch bei vielen der Fall.

Nach einer Sitzung bleibt ein Laie, der zum Team gehört, so lange bei den belasteten Personen, bis diese sich erholt haben und in guter Verfassung nach Hause gehen können.

Heutzutage übernehmen die Laien bei jeder einzelnen Etappe eines Exorzismus wichtige Funktionen, sowohl in geistlicher als auch in administrativer Hinsicht. Der einsame Exorzist und Priester ist abgelöst worden durch ein koordiniert arbeitendes, gut ausgebildetes Team, bestehend aus Laien, Priestern und Diakonen.

Tagebuch eines Exorzisten 56

Ein Messer im Rücken

Wenn Leute zum ersten Mal an einer unserer Sitzungen teilnehmen, dann zeigt sich, dass sie manchmal kein realistisches Verständnis von der negativen Dynamik haben. Sie haben möglicherweise zu viele Fernsehsendungen mit »netten« Dämonen und dergleichen gesehen.

Eine Ordensschwester nahm zum ersten Mal an einer meiner Exorzismus-Sitzungen teil. Ich schaute sie an und sagte dann zu ihr: »Ich möchte Ihnen sagen, womit Sie es hier zu tun haben.« Dann schaute ich zu der besessenen Person, in der sich der Dämon zeigte, und sprach diesen an: »Wenn du könntest – würdest du jedem Einzelnen hier mit einem Messer in den Rücken stechen, es verdrehen und dabei lachen? Im Namen Jesu befehle ich dir, die Wahrheit zu sagen!« Die verdrießliche dämonische Stimme, die nun gezwungen war, ihre perverse Denkweise einzugestehen, gab daraufhin widerwillig zur Antwort: »Ja.«

Dämonen sind nicht unsere Freunde. Sie hassen sich ja sogar gegenseitig. Als bösartige Sadisten genießen sie es, anderen ein Leid zuzufügen. Glücklicherweise gestattet Gott ihnen zumindest hier auf der Erde nicht, solche Dinge auszuführen. Wie Tiere sind sie an die Kette gelegt (2 Thess 2,6; Offb 20,1–3).

Wenn sie jedoch tun könnten, wie sie wollten, dann würden sie jedem ein Messer in den Rücken stechen und lachen.

Tagebuch eines Exorzisten 57

Von der Gnade berührt… wieder einmal

Viele Leute glauben, dass in einer Exorzismus-Sitzung eine abstoßende Begegnung zwischen dem Priester und den Dämonen stattfindet. Der Priester befiehlt demnach den Dämonen auszufahren und diese wehren sich. Ein Kampf entbrennt, in dessen Verlauf die besessene Person schreit, sich windet und sich oftmals erbricht. Dies trifft häufig zu, oft aber auch nicht. Aber es gibt nicht das Ganze wieder.

Vor einiger Zeit weinte eines meiner gläubigen Teammitglieder voll Freude. Sie war so mutig gewesen, eine Betroffene nicht nur als »große Schwester« durch den ganzen Prozess zu begleiten, sondern sie hielt sich auch bei jeder Sitzung an ihrer Seite auf und betete. Mitten in dieser Sitzung segnete Gott sie offensichtlich und schenkte ihr eine besondere Gnade.

Ein Exorzismus ist ein zutiefst geistliches Ereignis. Er ist eine machtvolle Erfahrung der Bekehrung und Heilung – nicht nur für die belastete Person, sondern auch für alle anderen Anwesenden.

Durch eine besondere Gnade wurde uns das Wissen übermittelt, dass zumindest einer der großen Engel aus dem Rang der »Mächte« stets anwesend ist. Spezielle Heilige kommen ebenfalls oft zu Hilfe. Und natürlich ist uns auch die Himmelskönigin sehr nah. Während eines Exorzismus betreten wir das übernatürliche Reich der Engel und Heiligen.

Ich danke Gott für das Geschenk, das Amt eines Exorzisten ausüben zu dürfen und am Heilungsdienst Jesu mitwirken zu können. Es ist immer eine besondere Gnade für alle Anwesenden. Gottes Großmut kann nicht übertrumpft werden.

Tagebuch eines Exorzisten 58

Satan in deinem Kopf

Wir alle werden von Dämonen in Versuchung geführt. Verführen und Verleiten sind die Methoden, deren Satan sich bedient. Manchmal hat es den Anschein, unabhängig davon, wie sehr wir uns durch das Gebet und eine einwandfreie Lebensführung schützen, als ob Satan in die Köpfe unserer Exorzisten gelangen und dort Chaos stiften könnte.

Gestern in der Nacht geriet einer unserer jungen Exorzisten massiv unter Beschuss mit schrecklichen Schuldgefühlen und Selbstvorwürfen. Es fing ganz harmlos an und steigerte sich dann zu einem Orkan, der durch seinen Kopf tobte, heftiger als jede bisherige menschliche Erfahrung. Nachdem er erkannte, dass es sich um einen dämonischen Angriff handelte, empfahl er sich der Jungfrau Maria und gebot den Dämonen, von ihm abzulassen, und besprengte sich mit Weihwasser. Sofort ließ der Angriff nach.

Pater Chad Ripperger, ein erfahrener Exorzist, schätzte einmal, dass 25 Prozent der Amerikaner unter dämonischen Heimsuchungen zu leiden haben.[33] Er sagte, dass sie sich durch ihre sündhaften Gedanken selbst dem Bösen gegenüber öffnen wür-

---

33 Fr. Chad Ripperger, »Conference on Exorcisms«, Sensus Traditionis, 2019, posted on Virgo Potens, October 15, 2019, https://virgopotens.org/blog/2019/10/11/xol3hgznlfzud9synqc8m3aw2f6bhn.

den. Allerdings greift Satan zuweilen auch gezielt Menschen wie zum Beispiel Exorzisten an, um ihren Dienst zu beeinträchtigen.

Wie können wir feststellen, ob unsere Gedanken der menschlichen Schwachheit zuzuschreiben oder dämonischen Ursprungs sind? Letztere können ungewöhnlich intensiv und heftig sein, sie stehen in keinem Verhältnis zu unserem täglichen Leben und lassen in ihrer Intensität nach oder verschwinden ganz, wenn man betet.

Um uns zu schützen, sollten wir unsere Gedanken auf gute und heilige Dinge ausrichten und jede Art von bösem und sündigem Verhalten meiden. Und wir sollten uns Gott und dem Gebet zuwenden, wenn wir bemerken, dass wir mit zwanghaften, negativen und selbstzerstörerischen Gedanken bombardiert werden.

Tagebuch eines Exorzisten 59

Besessenheit als Gnade?

Besessen zu sein klingt nach einer Katastrophe. Es ist weiß Gott eine sehr üble Angelegenheit. Wenn ich eine Diagnose über jemanden erstelle, benutze ich niemals das Wort »besessen«. Denn jedes Mal, wenn wir in der Vergangenheit den Betroffenen gesagt haben, sie seien besessen, waren sie am Boden zerstört und manche brachen in Tränen aus. Das kann ich verstehen. Heute sage ich zu ihnen einfach, sie hätten ein paar böse Geister und bräuchten Jesus, um sie auszutreiben.

In Wirklichkeit kann jedoch die Tatsache, besessen zu sein, auch der Anlass für eine unglaubliche Gnade werden. Viele der Besessenen waren in Sünden verstrickt. Andere wurden verflucht oder traumatisiert oder beides. Sie haben es mit Dämonen zu tun, die ihr Leben auf eine äußerst negative Art und Weise beeinträchtigen. Sie tragen eine schwere Last. Wieder andere wurden über Jahre hinweg körperlich oder geistig mit allen möglichen Therapien und Heilverfahren gequält, aber die Ursache für ihr Leiden wurde nicht gefunden. Diese Betroffenen brauchen Hilfe. Sie brauchen Jesus und seine heilende Gnade.

Wenn sie schließlich Befreiung gefunden haben, findet man die vormals Besessenen oft in den vordersten Kirchenbänken. Sie kennen die Wahrheit. Sie wissen, wie bösartig Satan ist. Sie wissen, dass Gott sich um sie gekümmert und sie befreit hat. Im

Zuge ihrer Befreiung gingen sie durch eine intensive und sehr persönliche Glaubensschule.

Ich wünsche niemandem die Erfahrung, besessen zu sein. Aber ich habe als Folge davon große Gnaden miterlebt. Viele hat diese Erfahrung aus ihrer geistigen Hölle in die rettenden Arme Jesu geführt.

Theologische Betrachtung

Heilung oder Linderung der Symptome

Wenn die Leute einen Exorzisten aufsuchen, leiden sie fast immer an einer Vielzahl von negativen Symptomen. Das können unerklärliche körperliche Gebrechen sein, schwerwiegende Zwangsvorstellungen oder heftige Abwehrreaktionen gegen geweihte Dinge. Verständlicherweise wenden sie sich an einen Exorzisten in der Hoffnung, er möge ein Gebet sprechen und sie von dieser peinigenden Heimsuchung befreien.

Tatsächlich können durch einen Exorzismus dämonische Symptome gelindert werden. Diese Beschwerden weisen in der Regel darauf hin, dass sowohl der Geist als auch die Seele der Person eine tiefere Heilung braucht. Zusätzlich zu den wirkmächtigen Gebeten der Kirche stellt jeder Exorzist einen Behandlungsplan zusammen, der genau zugeschnitten ist auf die individuellen Bedürfnisse der Betroffenen.

Er kann die Person auch auffordern, einen professionellen Therapeuten aufzusuchen, um mit ihm zugrunde liegende Gewalt- und Missbrauchstraumata aufzuarbeiten. Möglicherweise schlägt er eine Reihe von geistlichen Sitzungen vor, um spezifische geistliche Wunden zu heilen. Er wird in jedem Fall darauf bestehen, dass die Person ein intensives Leben des Gebets und der Tugendhaftigkeit führt, was auch den regelmäßigen Empfang der Sakramente der Beichte und der Eucharistie mit einschließt.

Ohne diese tiefere Therapie der inneren Heilung werden die Exorzismus-Gebete wahrscheinlich nur eine begrenzte oder gar keine Wirkung erzielen. Viele Menschen bitten darum, einen Exorzismus bei ihnen durchzuführen, weil sie sich eine schnelle Linderung der Symptome erhoffen, doch nur wenige sind bereit, den beschwerlichen Weg der Heilung und Heiligung zu beschreiten. Die wenigen, die sich entschließen, ihr geistliches Leben zu vertiefen, erleben, dass die Heimsuchung durch Dämonen tatsächlich auch eine Quelle der Gnade ist, weil sie durch diese Heimsuchung in eine lebendige Beziehung der Dankbarkeit und des Friedens mit dem geführt wurden, der allein Heilung schenken kann.

Tagebuch eines Exorzisten 60

Noch mehr Textnachrichten von Dämonen

Ich habe einige abwertende Textnachrichten von den Dämonen erhalten. Voller Schadenfreude über eine besessene Person schrieben sie mir: »Sie gehört uns, sie ist uns ausgeliefert worden. Und du kannst nichts dagegen tun.« Meine Antwort lautete: »Doch, die selige Jungfrau Maria kann das!« Ich antwortete mit einem Ave-Maria und sie erwiderten: »Nein, Rossetti!« Die selige Jungfrau Maria muss Fürsprache eingelegt haben.

Ich schrieb daraufhin: »Vade Satanas« (»Weiche, Satan!«) und sie antworteten: »Auf keinen Fall.« Dann verhöhnten sie mich: »Merkst du nicht, was geschieht?« Sie meinten damit ihre Drohung, die Besessene zu attackieren, um mich vom weiteren Beten abzuhalten. Ich ignorierte das und schrieb weiter einige Gebete.

Ich freue mich über Textnachrichten von Dämonen. In dem Moment verbergen sie sich nicht länger und sie sind entlarvt. Wir können dann unsere Gebete direkt auf sie konzentrieren. Das schwächt sie und hilft dabei, die betroffene Person schneller freizusetzen.

Wenn die Dämonen sich ungeschützt preisgegeben haben, dann verlieren sie den Kampf sehr schnell. Man sollte meinen, dass sie deswegen das Schreiben von Textnachrichten unterlassen würden, doch sie können nicht anders. Sie sind derartig narzisstisch und hochmütig, dass sie nicht damit aufhören können. Sie werfen sich impulsiv in Pose, stoßen Drohungen aus und prahlen. Doch es ist alles nur leeres Getöse.

Ich kann nur sagen: »Schickt mir weiterhin Textnachrichten!« Unser kleines Team wird mit Gebeten antworten.

Tagebuch eines Exorzisten 61

Ein von Dämonen befallenes Haus

Wir erhielten einen Anruf von einem Feuerwehrmann, der sagte, es gebe ein Problem mit seinem Haus. Kurz nachdem seine Familie eingezogen war, nahm eine Reihe seltsamer Ereignisse ihren Lauf. Lampen schalteten sich auf geheimnisvolle Weise ein und aus, verschlossene Türen öffneten sich, »Alexa« begann, von sich aus Musik zu spielen, ohne dass ein Befehl erteilt wurde, in einem der Räume wurde es außergewöhnlich kalt und im Flur erschien an einer Stelle ein Licht, an der kein Licht eindringen konnte.

Außerdem nahmen er und seine Frau mehrere Male eine dunkle, bedrohlich wirkende Gestalt wahr. Es stellte sich heraus, dass das Haus früher für Drogenhandel und Zwangsprostitution genutzt worden und Schauplatz einer Schießerei mit mehreren Toten gewesen war.

Wenn Häuser von Dämonen heimgesucht werden, ist das in der Regel die Folge von sündhaften Handlungsweisen, die an diesem Ort stattgefunden haben. Wie wir herausgefunden haben, sind unnatürliche Todesfälle wie Abtreibungen besonders starke Türöffner für das Böse. Auch das Durchführen okkulter Rituale ist ein großes Einfallstor für die Dämonen. Nach solchen üblen Vorkommnissen können die Dämonen das Haus oder die Wohnung als ihr Eigentum beanspruchen und diejenigen bedrohen, die versuchen, sie zu vertreiben.

Hier hilft nur, die Dämonen aus dem Haus auszutreiben. Die Eigentümer sollten sich großzügig der Sakramentalien bedienen, was auch den Einsatz von Kruzifixen und Weihwasser einschließt, sowie den Rosenkranz und Befreiungsgebete beten. Bei einer besonders stark verankerten Präsenz kann jedoch der Einsatz eines Priesters notwendig sein.

In einem solchen Fall wird er um Erlaubnis bitten, mithilfe des offiziellen Rituales der Kirche das Haus zu exorzieren, und er wird dort möglicherweise auch Messen zur Wiedergutmachung lesen.

Jesus trägt immer den Sieg davon. Manchmal aber ist etwas Beharrlichkeit nötig, bis ein Ort vollständig gereinigt ist.

Theologische Betrachtung

Dämonen oder Geister?

Die katholische Kirche hat noch keine offizielle Stellungnahme zur Existenz von Geistern abgegeben. Es bleibt den Gläubigen überlassen, ob sie an sie glauben oder auch nicht. Doch Geister, falls es sie gibt, unterscheiden sich von den Dämonen. Bei Geistern handelt es sich angeblich um die Seelen Verstorbener, Dämonen dagegen sind gefallene Engel.

Geister und Dämonen unterscheiden sich. Geister versuchen, die Aufmerksamkeit der Lebenden auf sich zu ziehen, weil sie deren Gebete brauchen, um ihre letzte Ruhestätte zu erreichen. Dämonen dagegen sind nur darauf aus zu kontrollieren, zu terrorisieren und zu zerstören. Deshalb ist ein Zeichen für die Anwesenheit von Dämonen in einem Haus, dass sie destruktive Dinge tun wie zum Beispiel Gegenstände zu zerbrechen oder die Menschen anzugreifen. Geister begnügen sich damit – sehr viel harmloser –, Gegenstände und dergleichen zu manipulieren, um die Aufmerksamkeit der Bewohner zu erregen, was diesen natürlich Angst einjagt.

Wenn Leute behaupten, dass sich Geister in ihrem Haus aufhalten, liegen sie oft falsch, da es sich in Wirklichkeit um Dämonen handelt. Dämonen verhalten sich manchmal so, als ob sie freundliche Geister wären. Damit beabsichtigen sie, eine Beziehung zur Familie aufzubauen, um sich im Leben der Familie einzunisten. Erst wenn sie dort eine sichere Stellung erworben haben, wird klar, dass es sich um Dämonen handelt, die weitaus schwerer zu vertreiben sind.

Wenn jemand glaubt, dass sich Geister im Haus aufhalten, dann sind Gebete für die Toten angebracht. Messen für die Verstorbenen lesen zu lassen, verspricht die größte Wirkung. Sind die Spukerscheinungen besonders intensiv, dann ist es am besten, wenn der Priester in dem Zimmer des Hauses, in dem die Probleme geballt auftreten, eine oder mehrere Messen liest.

Wenn es sich dagegen um Dämonen handelt, sind Befreiungsgebete und ein Exorzismus vonnöten. Hilfreich können auch Gebete und heilige Messen zur Wiedergutmachung des Bösen sein, das in diesem Haus geschehen ist und das die Dämonen angelockt hat.

Tagebuch eines Exorzisten 62

Mitten in einem heftigen dämonischen Angriff

Die Dämonen haben mittlerweile einen direkten Angriff auf Jason gestartet (siehe Tagebuch-Eintrag Nr. 42). Sie senden Textnachrichten voller Manipulationen und Anschuldigungen. (Als ein Freund Jasons Zimmer betrat, sah er, wie sein Handy mit der Vorderseite nach oben dalag und die Tasten sich bewegten und ohne sein Zutun Nachrichten schrieben.) Die Dämonen quälen ihn sehr, brennen nachts Kreuze in seinen Körper und dergleichen. Sie dringen in die Köpfe der gesamten Familie ein und schüren dort Frustration, Angst und Verzweiflung.

Mit ihren Textnachrichten prahlen sie weiterhin: »Er gehört uns«; »Deine Kraft wird nachlassen und du wirst aufgeben«; »Wir zerren ihn zu uns in die Hölle«; »Du wirst uns niemals besiegen«.

Wenn man die Texte jedoch näher betrachtet, merkt man, dass es in Wahrheit die Dämonen sind, die verzweifeln. Sie haben Angst davor, aufgeben zu müssen, und bestehen darauf, dass Jason ihnen gehört, weil sie wissen, dass sie ihn verlieren werden. Das Ganze ist Teil des kosmischen Kampfes, den sie auf Golgatha bereits verloren haben. Ihr Los ist es, besiegt zu werden und zu verzweifeln.

Unsere Aufgabe ist es, Jason und seine Familie, die schrecklich leidet, zu unterstützen. Ihre Wut, ihre Frustration und das Gefühl der Hoffnungslosigkeit sind Realität. Das ist die Herausforderung bei einem solch intensiven Exorzismus: das Team zusammenzuhalten und mitten in einem heftigen Angriff der Dämonen nicht aufzuhören, sondern fortzufahren.

Wir haben alle unsere Gebetskämpfer aktiviert. Ihre Gebete brauchen wir. Mit Jason und seiner Familie spreche ich darüber, wie wichtig es ist, auf Jesus zu vertrauen. Ich sage zu ihnen, dass diese Prüfung zu Ende gehen wird. Die Dämonen werden ausgetrieben werden. Er und seine Familie müssen durchhalten.

Und doch mache ich mir Sorgen. Umso fester stehe ich in diesem Prozess an ihrer Seite. Ich sichere ihnen zu, dass wir sie niemals im Stich lassen werden. Erst recht nicht Jesus. Und ich bete:

Gedenke, o gütigste Jungfrau Maria,
es ist noch nie gehört worden,
dass jemand, der zu dir seine Zuflucht nahm,
deinen Beistand anrief und um deine Fürbitte flehte,
von dir verlassen worden sei.

Tagebuch eines Exorzisten 63

»Ich habe keine Beine«

Dämonen sind feige – trotz ihres Prahlens und ihrer Arroganz. Sie verstecken sich gern. Deshalb besteht ein Teil unseres Dienstes darin, sie aufzuspüren. Dann rufen wir den heiligen Namen Jesu an, um sie auszutreiben.

In einer Sitzung gebot ich ihnen: »Im Namen Jesu, hör auf, dich zu verstecken. Steh auf und komm ans Licht.«

Die Antwort lautete: »Ich kann nicht.«

»Warum nicht?«, fragte ich.

»Ich habe keine Beine.«

Ich gab zurück: »Du weißt, was ich damit meine.«

Aber es stimmt, die Dämonen haben keine Beine. Als Geistwesen verfügen sie über keinen Körper. Doch die Besessenen und einige andere sehen sie manchmal als dunkle, schattenhafte Gestalten. Sie scheinen zu schweben. Oft sind sie mit einer Kapuze bekleidet und ihre bizarren Fratzen sind nicht sichtbar. Und sie haben tatsächlich keine Beine.

Dämonen nehmen in der Regel alles sehr wörtlich. Aber als jener sagte: »Ich habe keine Beine«, glaubte ich, dass da schon einiges an dämonischem Sarkasmus mitschwang. Tatsache ist, dass sie feige sind und sich gern im Dunkeln verstecken.

Jesus ist das Licht der Welt. Alle Dunkelheit und alles Böse müssen weichen, wenn sein Licht aufleuchtet. Oft lege ich den

Betroffenen die Hände auf und bete, dass das Licht Christi jede Zelle ihres Körpers durchstrahlen und alle Dunkelheit vertreiben möge.

Theologische Betrachtung

Die Dämonen verbergen sich

Die beste Verteidigung der Dämonen ist Tarnen und Täuschen. Sie sind sehr erfolgreich darin, Leute zur Sünde und zum Bösem zu verführen, ohne dass die Betreffenden eine Ahnung von ihrer Gegenwart haben. Satan und seine Dämonen wirken heute besonders stark, weil viele Menschen nicht an ihre Existenz oder ihre Aktivitäten in der Welt glauben. Und auch wenn wir Satan nicht für alles Böse auf dieser Erde verantwortlich machen können, so finden wir seine Spuren doch überall.

Im Verlauf eines Exorzismus versuchen die Dämonen mit allen Mitteln, sich zu verbergen, besonders in der Anfangsphase, in der wir versuchen herauszufinden, ob die Probleme der Person psychischer oder spiritueller Natur sind. Sie bemühen sich, jedermann – auch den Betroffenen – davon zu überzeugen, dass die Probleme psychische Ursachen haben. Viele der Symptome, die sie verursachen, findet man auch in psychologischen Befunden.

Die Dämonen wissen, dass sie in große Schwierigkeiten geraten, wenn ihre Anwesenheit bemerkt wird und ein Priester den Exorzismus nach dem Rituale der Kirche betet. In einem offenen Kampf mit Jesus und seiner Kirche, die der Priester repräsentiert und auf deren Macht er sich beruft, haben sie keine Chance. Deshalb tun sie alles, um sich zu verbergen.

Die gute Nachricht für Exorzisten ist, dass die Dämonen sich üblicherweise nur eine begrenzte Zeit lang verbergen können, nachdem das Gebet begonnen hat. Stellen Sie sich jemanden vor, der versucht, sich unbemerkt in einem Schrank zu verstecken. Doch dann kippt jemand Benzin auf die Person und zündet es an. Huch! Auch wenn sie sich noch sehr bemüht, still zu sein, so wird sie doch nach kürzester Zeit losbrüllen.

Um Dämonen aufzuspüren, verwenden wir Sakramentalien wie Weihwasser und ein Kruzifix. Am wichtigsten ist jedoch, dass wir Befreiungsgebete sprechen und die Gnade Gottes und den heiligen Namen Jesu anrufen. Häufig befehle ich den Dämonen direkt: »Ich befehle euch im heiligen Namen Jesu Christi: Zeigt euch!« Dieses Gebet spreche ich in einer anderen Sprache, damit die besessene Person nicht versteht, was ich sage, doch die Dämonen verstehen es mit Sicherheit!

Dämonen sind unglaublich zäh und können eine ganze Weile durchhalten, bevor sie auf die Gebete reagieren. Üblicherweise dauert es zwanzig bis dreißig Minuten, aber dann treten sie, soweit sie anwesend sind, in Erscheinung. Ich hatte es einmal mit Beelzebub zu tun, der zu den stärksten Dämonen zählt und anderthalb Stunden verstreichen ließ, ehe er sich zeigte. Aber auch er, einer der mächtigsten Anführer der Hölle, begann schließlich sich zu winden, und er konnte seine Qualen nicht mehr verbergen.

Wenn Dämonen sich offenbaren, reagiert der Körper der besessenen Person gut sichtbar. Es sind die üblichen Symptome. Der Körper verkrampft sich, die betroffene Person verdreht die Augen, schlägt um sich und fängt an zu schreien. Von Fall zu Fall sind diese Phänomene unterschiedlich stark ausgeprägt. Das Wichtigste für uns ist es zu beten, damit ein Dämon, der anwesend ist, sich offenbaren muss, und dann diese Symptome aufmerksam zu beobachten, um zu entscheiden, ob sie spirituellen oder psychischen Ursprungs sind.

Tagebuch eines Exorzisten 64

Der entfesselte Satan

Gott hält den Teufel für gewöhnlich an der kurzen Leine. Der Macht des Teufels und seinen Aktivitäten sind Grenzen gesetzt. In der heutigen Zeit hat es jedoch den Anschein, als ob der Fürst der Welt beinahe vollständig freigelassen wurde. Bisher vollbrachte er seine Übeltaten im Verborgenen, heute führt er den Kampf ganz offen.

Die Statuen von Heiligen werden niedergerissen und heilige Bilder entweiht. Man macht sich lustig über die Religion und die Gebote Gottes werden abgelehnt. Eines der deutlichsten Zeichen für Satans Präsenz ist der Hass auf die katholische Kirche. Weltweit werden Kirchengebäude niedergebrannt.

Ein weiterer Beweis für Satans Gegenwart sind Zwietracht, Gewalt und Tod. Dies ist überall zu erkennen. Die zunehmenden Zusammenstöße unter den Bürgern der Vereinigten Staaten entladen sich in offenen Konflikten.

Vor einigen Wochen sagte eine unserer besonders begnadeten Mitarbeiterinnen: »Die Dämonen sind aktiver als je zuvor, sie agieren gezielter und sind nicht mehr so ängstlich wie früher… Sie scheinen neuerdings keine ›Grenzen‹ mehr zu haben, ihre Gewalttaten werden immer dreister und brutaler.« Das hat sie vor einigen Monaten gesagt. Diese Gewalttätigkeit zeigt sich nun vermehrt.

Es ist Zeit für uns, unsere eigenen Waffen zu ergreifen. Eine der mächtigsten Waffen ist der Rosenkranz. Wir beten ihn täglich, um den Teufel auszutreiben und die Muttergottes um Hilfe zu bitten. Eine andere Waffe ist der andächtige Empfang der heiligen Kommunion. Wir opfern Jesu Gegenwart in der Eucharistie auf für unser Land und für die ganze Welt. Schließlich sollten wir jeden Tag Befreiungsgebete sprechen, besonders die Priester in ihrem Dienst der geistlichen Vollmacht.

Jesus hat den Kampf gewonnen. Und doch – wie viele arme Seelen werden verloren gehen in diesen schrecklichen Zeiten? Betet, betet, betet für die Bekehrung der Sünder und dass Satan wieder an die kurze Leine genommen wird.

Tagebuch eines Exorzisten 65

Der Kampf tobt

Ein erfahrener Exorzist hat mich angerufen und erzählt, dass er neulich im Verlauf einer Sitzung dem Dämon befohlen hatte, seinen Namen zu nennen. (Er wusste, dass ein Exorzist mehr Macht über einen Dämon gewinnt, wenn er dessen Namen kennt.) Der Dämon antwortete höhnisch und spottend durch den Mund der besessenen Person: »Du weißt, wer ich bin. Ich bin Gressil. Und ich werde dich bekommen!«

Tatsächlich war er einige Jahre zuvor auf diesen bösartigen, hochrangigen Dämon gestoßen und hatte ihn ausgetrieben. Er antwortete: »Jesus steht mir bei. Und mit dir wird das Gleiche wieder geschehen. Du wirst in Jesu Namen ausgetrieben werden.«

In den folgenden zwei Tagen war er intensiven dämonischen Heimsuchungen ausgesetzt. Er ertrug sie im Glauben und bat einen priesterlichen Mitbruder um sein Gebet. Der Geistliche betete über ihm und nun geht es ihm wieder gut.

Was diesem Priester widerfuhr, ist beispielhaft für diese herausfordernden Zeiten. Er begegnete der Drohung des Dämons mit Mut. Im Glauben antwortete er, dass Jesus der Herr ist und die stärksten Dämonen austreibt. Er nahm sein Leiden als das Opfer auf sich, das Gott von ihm für seinen priesterlichen Dienst erbat. Demütig forderte er Hilfe an.

Auch wir sollten unseren alltäglichen Kämpfen und Anfechtungen im Glauben an Jesus begegnen. Auch wir sollten unser Leiden annehmen und es mit dem Kreuz Christi vereinen. Und wenn nötig, sollten auch wir auf andere zugehen und um Hilfe bitten. In Jesus werden auch wir den Sieg erringen.

Tagebuch eines Exorzisten 66

Wer ist der »Schrecken der Dämonen«?

Zu Beginn einer jeden Sitzung frage ich üblicherweise die betroffene Person, ob sie einen speziellen Heiligen besonders verehrt. Wenn dem so ist, dann rufen wir diesen Heiligen in unseren Gebeten um Hilfe an. Vor Kurzem nannte eine Frau auf meine Frage hin den heiligen Josef.

Somit bat ich während der Sitzung den heiligen Josef um Hilfe, als die Dämonen sich in vollem Maße zeigten. Hektisch fingen die Dämonen daraufhin an zu schreien: »Nein. Nicht ihn. Hör auf!« Diesen Vorteil wollten wir uns nicht nehmen lassen und so betete unser Team immer wieder: »Heiliger Josef, bitte für uns. Heiliger Josef, treibe die Dämonen aus.«

Diese betroffene Person hat in letzter Zeit bemerkenswerte Fortschritte gemacht und ihr Leben verläuft, abgesehen von ein paar dämonisch verursachten Symptomen, fast wieder in normalen Bahnen.

Viele Leute sehen im heiligen Josef einen freundlichen, frommen alten Mann, der für Jesus und Maria sorgte. Das trifft zu. Doch darüber hinaus ist er die vollkommene Gestalt eines Vaters – stark im Glauben und ein Verteidiger der Familie. Die ehrwürdige Nonne María von Agreda (1602–1665) schrieb in ihrem berühmten Werk »Die mystische Stadt Gottes«, dass Gott dem heiligen Josef besondere Vorrechte einräumte, darunter auch »dass die Dämonen mit Schrecken erfüllt werden bei der bloßen Nennung seines Namens«.[34]

In der Litanei zum heiligen Josef ruft man ihn unter vielen verschiedenen Ehrentiteln an; einer der bemerkenswertesten ist der »Schrecken der bösen Geister«. So wie auch Pater Donald Calloway, der Autor des Buches »Weihe an den heiligen Josef« schreibt: »Nach der Jungfrau Maria fürchten die Dämonen den heiligen Josef mehr als alle anderen Heiligen.«[35] Der selige Bartolo Longo, vor seiner Bekehrung Priester des Spiritismus, sagte uns: »Es ist für eine Seele ein großer Segen, unter dem Schutz des heiligen [Josef] zu stehen, bei dessen Namen die Dämonen erzittern und die Flucht ergreifen.«[36]

Das folgende Gebet findet man in Pater Calloways Buch »Weihe an den heiligen Josef«:

Gebet zum heiligen Josef, dem Schrecken der Dämonen

Heiliger Josef, Schrecken der bösen Geister, wirf deinen ernsten Blick auf den Teufel und alle seine Schergen und beschütze uns mit deinem mächtigen Stab. Du bist durch die Nacht geflohen, um die boshaften Pläne des Teufels zu vereiteln. Schlage jetzt mit der Kraft Gottes die bösen Geister, welche vor dir fliehen! Wir bitten dich, gewähre deinen besonderen Schutz den Kindern, Vätern, Familien

---

34 Venerable Mary of Agreda, »The Happy Death of St. Joseph«, in: The Mystical City of God, posted on EWTN, https://www.ewtn.com/catholicism/library/happy-death-of-saint-joseph-5426.

35 Fr. Donald H. Calloway, M.I.C., »St. Joseph: Terror of Demons«, in: Signs and Wonders for Our Times, April 24, 2020, https://sign.org/articles/st-joseph-terror-of-demons-187491.

36 Ebd.

und den Sterbenden. Durch Gottes Gnade wagt es kein böser Geist, sich uns zu nähern, solange du uns nahe bist. Deshalb bitten wir dich, bleibe immer in unserer Nähe! Amen.

Tagebuch eines Exorzisten 67

Dämonen in der Gestalt heidnischer Götter

Wir sind auf Dämonen gestoßen, in denen wir heidnische Götter erkannten. Wenn man solche nicht christlichen »Gottheiten« anruft, dann ruft man tatsächlich, ob beabsichtigt oder nicht, Satan und sein Gefolge an.

Im Verlauf einer Sitzung wurde einer der ranghöchsten Dämonen gezwungen, seinen Namen preiszugeben: Baal. Diesen Namen verbindet man mit einem Gott der Kanaaniter, manchmal bekannt als Fruchtbarkeits- oder Wettergott. Teil der Baalsverehrung war unter anderem der kultische Geschlechtsverkehr zwischen den heidnischen Priestern und Priesterinnen und eine allgemeine sexuelle Freizügigkeit.

Deshalb legten wir ein Zingulum (die weiße Kordel des Priesters, die Reinheit und Keuschheit symbolisiert und die der Priester während der Messe wie einen Gürtel trägt) um die Taille der betroffenen Person und befahlen dem Dämon auszufahren. Baal kreischte: »Nehmt das weg! Nehmt das weg!« Der Dämon der sexuellen Freizügigkeit wurde damit gequält. Bald darauf wurde er durch die Macht Jesu ausgetrieben.

Die heutige sexuelle Freizügigkeit unter den Menschen beweist, dass der Baalskult noch sehr lebendig ist, ob uns das bewusst ist oder nicht. Das Gegenteil ist ein reines, tugendhaftes Leben, das selbst Dämonen von höchstem Rang ganz schnell vertreibt.

Tagebuch eines Exorzisten 68

Ein unbeschreiblicher Schrecken

Bei einem Vorbereitungsgespräch berichtete eine Person, dass sie dunkle, schattenhafte Gestalten sehe. Das kann ein Anzeichen dafür sein, dass diese Person tatsächlich von Dämonen gepeinigt wird. Auf einer niedrigeren Stufe der Besessenheit oder Umsessenheit sind die Dämonen normalerweise vermummt und ihre Gesichter sind nicht zu erkennen. Wenn die Person eine tiefere Beziehung mit diesen Mächten eingegangen ist und sich dadurch stärker an das Böse gewöhnt hat, dann werden die schrecklichen Fratzen der Dämonen zunehmend deutlicher erkennbar.

Ein Besessener schilderte mir den Anblick der Dämonen, die er direkt gesehen hatte, wie folgt: »Sie waren grässlich anzusehen, entstellt und missgestaltet ... Einige hatten Klauen anstelle von Händen ... Soweit sie über zwei Augen oder irgendwelche erkennbare Gliedmaßen verfügten, waren diese völlig missgebildet ... Diese Dämonen sahen alle wie nackte, hässliche und bösartige Tiere aus.« Weiterhin berichtete er, dass sie hässlicher waren als alles, was man sich vorstellen kann. Selbst Horrorfilme könnten das nicht annähernd wiedergeben.

Sollte ein Mensch in der Hölle landen, wird er Satan und seine Dämonen vollständig unverhüllt sehen. Schwester Faustyna sagte, dass die sechste Höllenqual »die ständige Gegenwart Satans« sei. Sie rief aus: »Wie unglaublich hässlich Satan ist! Allein sein Anblick ist widerlicher als alle Qualen der Hölle.«[37] Ähnlich äußert sich die heilige Katharina von Siena in ihrem berühmten Buch »Der Dialog«: »Ihn [den Teufel] zu sehen, ist umso schmerzhafter für sie, weil sie ihn in seiner wahren Gestalt sehen, die so furchtbar ist, dass keines Menschen Herz sie sich vorstellen könnte.«[38]

Die heilige Katharina gab uns auch folgende Schilderung: »Die Heiligen jubeln beim Anblick Gottes, sie ziehen aus ihrer Glückseligkeit neue Kraft [...] aus dieser Liebe im Überfluss.«[39]

Das erwartet uns am Ende, entweder der beglückende Anblick der alles überragenden Schönheit jener Liebe, die Gott ist, oder die unbeschreibliche Scheußlichkeit, die Satan ist – und das in alle Ewigkeit.

---

37 Diary, no. 540, Tagebuch der Schwester Maria Faustyna Kowalska, Hauteville [10]2017.

38 The Dialogue of St. Catherine of Siena, Kegan Paul, Trench, Trubner, London 1907, no. 22, Catholic Treasury, http://www.catholictreasury.info/books/dialogue/diag33.php, Katharina von Siena, Der Dialog, Kleinhain 2017.

39 Ebd.

Tagebuch eines Exorzisten 69

Der Gestank des Bösen

Einer unserer Priester war aufgehalten worden und traf verspätet zu der Exorzismus-Sitzung ein. Er lehnte sich zu mir herüber und sagte: »Ich rieche einen scheußlichen Gestank.« Er nahm den Geruch nicht mit seinen natürlichen Sinnen wahr. Er hatte die Gabe, wenn auch eine ziemlich unangenehme, die Anwesenheit des Bösen als widerlichen Gestank wahrzunehmen.

Vor einiger Zeit hatte einer unserer Besessenen eine Vision der Hölle und er erzählte uns: »Alle Körper der Seelen wurden von Feuer umschlungen, der Gestank verwesenden Fleisches und verbrannter Haut war grauenhaft. Mir wurde so schrecklich übel, dass ich mich übergeben wollte.«

In ihrem Buch »Der Dialog« gab Katharina von Siena weiter, was Gott ihr offenbart hatte: »Der Makel, den die Sünde Adams darstellt [...] verdarb das ganze Menschengeschlecht und er stank zum Himmel.«[40] An der Sünde und an allem Bösen haftet der schaurige Geruch des Todes.

Immer wenn die Heiligen den sterblichen Seelen begegnen, verbreitet sich andererseits ein wundervoller Duft. Wenn Pater Pio erschien, während er noch lebte oder später vom Himmel herab, verbreitete sich ein süßer Rosen-, Veilchen- oder Lilienduft,

---

40 Ebd., no. 8, http://www.catholictreasury.info/books/dialogue/diag19.php.

der von den Leuten beschrieben wurde. Auch die Anwesenheit der heiligen Therese von Lisieux wird mit dem Wohlgeruch von Rosen in Verbindung gebracht. Das ist der Duft der Heiligkeit, oder um es mit einem Fachausdruck zu sagen, »Osmogenesia«.

Der Himmel wird ein Fest sein, sowohl für die Seele als auch für den auferstandenen Leib, erfüllt vom herrlichen Duft der Heiligkeit. Die Hölle ist so abscheulich, dass dort die Seelen bis zum Erbrechen gewürgt werden.

Tagebuch eines Exorzisten 70

Bischöfe in der Hölle

Es war eine junge gläubige Frau, die wir exorzierten. Sie war besessen, aber nicht aufgrund eigener Schuld, sondern aufgrund all des Bösen, das ihre Familie begangen hatte. Das ist ungerecht? Und ob das ungerecht ist. Doch wie meinten schon unsere Mütter? »Das Leben ist nicht fair.«

Im Zuge ihrer Befreiung unternahmen die Dämonen alles, was ihnen möglich war, um diese junge Frau von einem Leben im Glauben abzubringen. Ich erinnere mich an eine Geschichte des heiligen Jean-Marie Vianney, des Pfarrers von Ars. Zu ihm sagte der Teufel einmal: »Wenn es drei von deiner Art auf dieser Welt gäbe, wäre das der Untergang meines Reiches.« Ein Mensch, der fest im Glauben steht, kann Satan und seinem Reich schweren Schaden zufügen.

Darum legte der Fürst der Finsternis auch solchen Wert darauf, die religiöse Berufung dieser Frau zu vernichten. Bei mindestens drei Gelegenheiten während der Gebetssitzungen, die während des Jahres stattfanden, hob sie ihren Kopf und sagte voller Entsetzen: »Ich sehe viele, viele Bischöfe in der Hölle.« Um diese junge Christin zu entmutigen, hatte Satan ihr eine Menge Bischöfe in der Hölle gezeigt. Luzifer ist ein ganz gerissener Verführer.

Ja natürlich, wahrscheinlich sind tatsächlich einige Bischöfe in der Hölle. Nach meiner Erfahrung handelt es sich jedoch bei der überwältigenden Mehrheit der Bischöfe um gütige, gottesfürchtige Männer, die sich ihrem Dienst für Gott widmen. Diese hat Satan ihr jedoch nicht gezeigt.

Theologische Betrachtung

Kommen Besessene nach ihrem Tod in die Hölle?

Im Verlauf von Exorzismus-Sitzungen versuchen die Dämonen, die besessenen Personen mit verurteilenden und hässlichen Einflüsterungen zu demoralisieren. Besonders häufig verbreiten sie die Schreckensbotschaft, dass Gott sich nicht um die Besessenen kümmere und dass die Dämonen sie nach ihrem Tod in die Hölle zerren würden. Ich wurde schon von mehreren Besessenen gefragt: »Wenn ich sterbe und immer noch besessen bin, komme ich dann in die Hölle?«

Besessen zu sein sagt nichts über die spirituelle Verfassung dieses Menschen aus. Das klingt seltsam, aber es ist wahr. Es gibt mehr Besessene, als man sich vorstellen kann, die nicht durch ihre eigene Schuld besessen wurden. Unschuldige Menschen können von anderen verflucht werden. Kinder können von ihren Eltern den Dämonen geweiht werden. Während viele Menschen durch ihre eigenen bösen Taten besessen werden, gibt es andere, die unschuldige Opfer sind.

Es gab große Heilige, die eine gewisse Zeit lang von Dämonen besessen waren. Eine, die besondere Erwähnung verdient, ist die heilige Maria von Jesus dem Gekreuzigten, die »kleine Araberin«. Die gebürtige Palästinenserin Mariam Baouardy schloss sich dem Orden der Karmelitinnen an. Ihr wurden zahlreiche mystische Erfahrungen zuteil. Sie wurde auch mindestens zweimal von Dämonen gequält und galt vorübergehend als besessen. Es war eine geistliche Prüfung.

Auch wenn die meisten Besessenen keine Opferseelen wie die heilige Maria von Jesus dem Gekreuzigten sind, so kann die Erfahrung, besessen zu sein, zu einer echten Quelle der Gnade und ein Anstoß zur Bekehrung werden. Der Betroffene lernt am eigenen Leib die Realität des Bösen und die rettende Kraft Jesu kennen.

Wie jede Lebenserfahrung kann sich auch eine Besessenheit segensreich auswirken. So sagt die Schrift: »Wir wissen aber, dass denen, die Gott lieben, alles zum Guten gereicht« (Röm 8,28).

Tagebuch eines Exorzisten 71

Ein verwundetes Tier

Als Jason (siehe Tagebuch-Eintrag Nr. 62) aufwachte, fanden sich erneut mehrere hässliche, etwa vierzig Zentimeter lange Furchen auf seinem Rücken. Es sah aus, als sei ihm ein Tier mit seinen Krallen den Rücken hinuntergefahren. Tatsächlich ist genau dies geschehen.

Die dämonischen Angriffe auf ihn haben zugenommen. Er wird schrecklich angegriffen und misshandelt. Nachts und manchmal auch tagsüber wird sein Bett gewaltsam geschüttelt, wenn er sich hinlegt. Jason ist entsetzt. Seine Freunde flippen aus, wenn sie das mitbekommen.

Bei unserer letzten Sitzung brannten seine Augen, wenn er auf das Kruzifix schaute. Er rief: »Meine Augen haben Feuer gefangen!« Mehrere Male wurde er fast bis zur Bewusstlosigkeit gewürgt. Dann gab er mir die Bitte der Dämonen weiter, dass ich während der Sitzungen meine Stola ablegen solle. Auch der Anblick meiner Priesterstola verursacht viele Schmerzen. Natürlich lehnte ich ab.

Jasons Mutter ist verzweifelt. Sie klagt: »Die Lage verschlimmert sich immer mehr. Die Dämonen werden stärker!« Und Jason spürt wegen seiner physischen Besessenheit viele Schmerzen, die wir den Dämonen zufügen. Er macht Schreckliches durch.

Auch die Dämonen leiden enorm und werden langsam schwächer. Die Stola, das Kruzifix und die anderen Sakramentalien peinigen sie heftig. Der Exorzismus nach dem Rituale lockert nach und nach ihren Zugriff und sie schlagen zurück wie ein tödlich verwundetes Tier.

Es schneidet einem ins Herz, wenn man sieht, was Jason alles erdulden muss. Ich wünschte, es gäbe einen einfacheren Weg, und das sage ich ihm auch. Dies sind dunkle Momente, die Jason und seine Familie an ihre Grenzen bringen. Ich vertraue auf Gott, der es nicht zulassen wird, dass die Dämonen über das hinausgehen, was Jason und seine Familie aushalten können.

Und ich bestärke sie, immer wieder »Jesus, ich vertraue auf dich« zu beten. Es ist ebenso mein Gebet.

Tagebuch eines Exorzisten 72

Magenverstimmung oder Dämonen?

Etwa zwanzig Minuten, nachdem wir heute unsere abendliche Exozismus-Sitzung begonnen hatten, klagte die Betroffene über Magenschmerzen. Normalerweise hat sie keinerlei Probleme mit dem Magen. Ich gab ihr eine kleine Tasse mit exorziertem Olivenöl zu trinken. Ihre Reaktion darauf war ziemlich heftig und sie sagte, dass es im Rachen und in der Speiseröhre stark brannte. Ihre Magenschmerzen waren dann verschwunden. Ich habe schon manchen Betroffenen exorziertes Öl zu sich nehmen lassen. Einige reagierten umgehend, würgten und erbrachen irgendetwas Böses.

Die Dämonen greifen oft den Kopf oder den Magen an oder beides, vor allem wenn sie unruhig werden und Schmerzen haben, während wir unsere Exorzismus-Gebete sprechen. An beiden Stellen sind die Menschen besonders verwundbar, und diese Schwachstellen nutzen die Dämonen aus. Der Schaden, den sie anrichten können, ist oft nur von kurzer Dauer und meistens nicht allzu schwer, er kann jedoch auch schmerzlich sein.

Die besonders begnadeten Mitglieder unseres Teams spüren nicht selten die Gegenwart der Dämonen, indem sie selbst Kopfschmerzen bekommen oder es ihnen übel wird, sobald die besessene Person den Raum betritt. Je stärker die Präsenz der Dämonen ist, desto stärker fallen diese Symptome aus. In schweren

Fällen halten es die besonders begnadeten Personen kaum aus, sich im selben Raum aufzuhalten.

Mit körperlichen Beschwerden müssen wir vorsichtig umgehen. Zunächst gehen wir von einem natürlichen Ursprung aus und behandeln dementsprechend mit natürlichen Mitteln. Manchmal stellt sich jedoch heraus, dass die Ursache im übernatürlichen Bereich liegt.

Tagebuch eines Exorzisten 73

Selbstherrlichkeit ist die Hölle

Beim Lesen der heiligen Messe habe ich mich immer gefragt, wie man den Namen jenes kanaanitischen Götzen (der wirklich ein Dämon ist) ausspricht, den man »Baal« nennt. Während einer nachfolgenden Exorzismus-Sitzung fand ich die Lösung.

Wir waren gerade mit einem ganz schweren Fall befasst und wussten, dass uns ein langer, schlimmer Kampf bevorstand. An einem bestimmten Punkt wollte ich wissen: »Wie viele Dämonen sind anwesend?« Die abfällige Antwort lautete: »Zu viele für dich!« Als die dämonische Kohorte schwächer wurde, konnte ich sie zwingen, die Anzahl der anwesenden Dämonen zu offenbaren – 856. Das sind eine ganze Menge Dämonen! Dann verlangte ich, die Namen ihrer Anführer zu erfahren, und die Namen, die mir als Antwort mitgeteilt wurden, klangen wie aus dem biografischen Lexikon der Hölle. Das würde nicht leicht werden.

Im Laufe der Monate wurde ein Anführer nach dem anderen mit den Lakaien im Namen Jesu ausgetrieben. Irgendwann kam die Reihe an Baal. Er war gezwungen zuzugeben, dass noch 679 Dämonen übrig waren. Wir Priester fuhren fort, nach dem Rituale des Exorzismus zu beten, und wie immer heulten die Dämonen in ihrer Qual auf. Sie waren mittlerweile so schwach, dass sie durch das Weihwasser verbrüht wurden und der Anblick des Kreuzes sehr qualvoll für sie war. Alles wurde sehr schmerzhaft für sie.

Schließlich befahl ich Baal auszufahren, indem ich seinen Namen Ba-al mit zwei Silben aussprach. Zu meiner Überraschung korrigierte er mich energisch: »Es heißt Baal«, und er sprach es mit einer Silbe aus. Im weiteren Verlauf der Sitzung verbesserte er mich erneut und bestand darauf, dass sein Name »Baal« ausgesprochen wird (wie das Blöken eines Schafes mit einem »l« am Ende).

Das Ganze wirkte vollkommen bizarr auf mich. Da waren wir also mitten in einem offenen Kampf, er schrie aus voller Kehle und war kurz davor, zurück in die Hölle gestürzt zu werden. Und doch war es ihm besonders wichtig, dass sein Name korrekt ausgesprochen wird. Das war Eitelkeit in Reinkultur!

Dämonen sind vollendete Narzissten und Satan übertrifft sie alle. In der Hölle denkt keiner gut über den anderen. Jeder ist nur auf sich selbst fokussiert und es herrscht – wie bei Baal – die groteske, irrationale Denkweise eines Verstandes, der dem Bösen erlegen ist. Satan würde in der Hölle nur zu seinem Vergnügen jeden seiner Dämonen, die unter ihm stehen, opfern.

Das macht das unendlich selbstlose Opfer, das Gott in Jesus vollbracht hat, umso beeindruckender. Satan würde uns um seines Vorteils willen sofort aufspießen lassen. Jesu Herz wurde am Kreuz um unserer Rettung willen durchbohrt. Darüber sollten wir nachdenken.

Tagebuch eines Exorzisten 74

Sind Dämonen brillant oder dumm?

In einer Exorzismus-Sitzung zeigt sich, wie sehr die Dämonen die Menschen verachten. Die engelsgleiche Intelligenz und die Macht, die ihnen erteilt wurde als Teil ihrer Natur, sind viel größer als unsere. Diese natürlichen Kräfte sind ihnen bei ihrem Abfall geblieben. Sie betrachten sich als uns überlegen – und das trifft zu. Diese intensive boshafte Geringschätzung im Blick einer besessenen Person wahrzunehmen hilft uns, ein Urteil über die dämonische Präsenz zu fällen.

Doch es mangelt den Dämonen an der von Gott geschenkten Weisheit. Manchmal handeln sie wie unreife, halbwüchsige Bandenmitglieder, besonders diejenigen, welche zu den unteren Rängen gehören. Auch ihre natürliche Vernunft ist beschädigt, da sie vom Bösen durchdrungen ist. Sie sind mit Supercomputern vergleichbar, deren Software unwiederbringlich beschädigt wurde, ihre Gedanken sind verdreht und pervertiert. Satan und seine Gefolgschaft sind ausgesprochen gut darin, Menschen in Versuchung zu führen und sie zu manipulieren. Ihr pervertierter Verstand macht sie zu Meistern – allerdings ausschließlich zu Meistern des Bösen.

Ist das für uns von Bedeutung? Ja! Papst Franziskus hat es immer wieder betont: »Lasst euch niemals auf Diskussionen oder eine direkten Kampf mit Satan ein!« Wann immer wir vom Bösen angesprochen werden, wenden wir uns an Jesus, damit er für uns kämpft.

Die Dämonen wollen mich ständig niedermachen. Zum Beispiel halten sie mir vor: »Du hast keine Macht über uns.« Meine Antwort: »Das stimmt. Jesus aber hat sie, und in seinem heiligen Namen befehle ich euch auszufahren!«

Als Exorzist muss ich mich besonders vor Satans versteckten Fallstricken in Acht nehmen. Hinter den Kulissen arbeitet der Meister des Bösen unglaublich subtil daran, uns unsichtbare Fallen zu stellen. Deshalb müssen wir viel beten und auf den Heiligen Geist hören, der Satans böse Pläne aufdeckt und uns sicher geleitet.

Tagebuch eines Exorzisten 75

Kann man Dämonen bekehren?

Ich habe vor Kurzem von einer Gruppe gehört – vielleicht war es nur ein böses Gerücht –, deren Mitglieder Dämonen in ihren Körper einladen, um sie zu bekehren. Huch! Was für eine falsche Entscheidung!

Kürzlich befanden wir uns mitten in einer Exorzismus-Sitzung und die Dämonen litten sehr unter der Wirkung unserer Gebete. Ich befahl ihnen, mir auf die folgende Frage zu antworten: »Habt ihr die die falsche Wahl getroffen, als ihr Gott zurückgewiesen habt?«

Widerwillig erfolgte die Antwort: »Ja.«

Dann fragte ich: »Müsst ihr deswegen leiden?«

Wieder kam widerwillig die Antwort: »Ja.«

Ich schloss mit der Frage: »Würdet ihr euch anders entscheiden, wenn es möglich wäre?«

Sie antworteten: »Nein.«

(Dieser Austausch war Teil des Exorzismus und besteht darin, die Dämonen zu zwingen, die Wahrheit einzugestehen und dem Bösen ins Auge zu sehen, für das sie sich entschieden haben.)

Unfassbar! Das ist ein Beispiel, wie übel die Sünde und das Böse sind. Die Dämonen wissen, dass sie eine falsche Entscheidung getroffen haben und doch würden sie nichts daran ändern.

Die Dämonen können nicht bekehrt werden. Deshalb rate ich allen, die im Befreiungsdienst stehen: Versucht es nicht! Bemüht euch nicht, sie von der Wahrheit zu überzeugen. Ihr vergeudet eure Zeit und es kann dazu führen, dass ihr selbst euch für ihre unterschwellige Beeinflussung und ihre Täuschungsmanöver öffnet.

Manchmal jedoch zwinge ich die Dämonen, die Wahrheit zu sagen. So gebe ich ihnen zum Beispiel in der Kraft Christi den Befehl, mir zu antworten: »Wer hat durch seinen Tod und seine Auferstehung Satans Reich zerschlagen?« Gezwungenermaßen antworten sie: »Jesus.«

Im Verlauf eines Exorzismus »trichtern wir ihnen die Wahrheit regelrecht ein«, wie ein älterer Exorzist einmal den Ritus beschrieben hat, jedoch können wir sie nicht bekehren. Sie sind für immer verloren.

Theologische Betrachtung

Die Wahl der Engel ist unabänderlich

Wenn man im theologischen Sinn über Engel und Dämonen sprechen will, beginnt man am besten beim heiligen Thomas von Aquin, dem Doctor angelicus. Er schreibt, dass ein seliger Engel (also ein Engel, der nicht abgefallen ist, sondern die höchste Seligkeit in Gott genießt) nicht länger sündigen kann. Thomas fügt hinzu: »In seiner perfekten Einheit mit dem Gott, der nicht geschaffen wurde, welches die Einheit in vollkommener Seligkeit ist, erweist er sich als unfähig zur Sünde.«[41]

Gleichzeitig sagt der heilige Thomas, dass Satan und die gefallenen Engel »unfähig zur Buße sind, sie halten unverrückbar fest an der Sünde«.[42] Das bekräftigt auch der Katechismus: »Wegen des unwiderruflichen Charakters ihrer Entscheidung und nicht wegen eines Versagens des unendlichen göttlichen Erbarmens kann die Sünde der Engel nicht vergeben werden« (Nr. 393).

Engel lernen anders als Menschen. Wir lernen langsam, mit unserem Verstand und durch Erfahrung. Im Augenblick ihrer Entscheidung waren sich die gefallenen Engel vollkommen im Klaren über die Bedeutung ihrer Wahl und über die Auswirkungen. Sie kannten die volle Wahrheit und blieben doch bei ihrer Ablehnung Gottes.

Das zeigt die Erfahrung, die ich in meinem letzten Tage-

41 Summa theologica, I, q. 62, art. 8.

42 Ebd., I, q. 64, art. 2.

buch-Eintrag geschildert habe. Die Dämonen wurden gefragt, ob sie die falsche Entscheidung getroffen hätten, als sie Gott ablehnten und somit Leiden ertragen mussten. Sie gaben dies zu. Und doch sagten sie, dass sie dieselbe Entscheidung wieder treffen würden, wenn sie vor die Wahl gestellt würden. Sie sind mit ihrer falschen Entscheidung und ihrem Hass auf Gott für immer festgefahren.

Das ist das Geheimnis des Bösen (2 Thess 2,7). Aber gilt für uns Menschen nicht der gleiche Wahnsinn? Was kann es Verrückteres geben, als Gott, die Quelle aller Liebe und Güte, zurückzuweisen und sich stattdessen für Satan und seine gottlosen Wege zu entscheiden?

Tagebuch eines Exorzisten 76

Gib den Dämonen keine Nahrung!

Wir haben es immer wieder mit Fällen zu tun, bei denen es anscheinend nur schleppend vorangeht oder die zum Stillstand kommen. Das Team betet im Vertrauen auf Gott mit der betroffenen Person, doch es scheint keinen Fortschritt zu geben. Dann wissen wir, dass es höchste Zeit wird für Nachforschungen: Wovon zehren die Dämonen?

Die Dämonen gedeihen besonders bei Ärger, Unversöhnlichkeit, Hochmut und Ungehorsam. Solange diese im Herzen der besessenen Person unbewältigt sind, werden die Dämonen das Feld nicht räumen. Folglich begleiten wir die betreffende Person durch einen Prozess der inneren Heilung, um diese Probleme zu lösen. Sie muss loslassen und Jesus erlauben, ihre Wunden zu heilen.

In letzter Zeit sind mir weitere Wunden aufgefallen, die den Fortschritt behindern, darunter Abwertung der eigenen Person und Angststörungen. Eine betroffene Person hasst sich selbst. Die Dämonen nutzen das als Türöffner und fixieren sich wie Parasiten auf diese Person. Eine andere Person hat große Angst und zeigt sich bei der kleinsten Unsicherheit oder Veränderung völlig überfordert. Wenn eine solche auftritt, bedeutet das einen deutlichen Rückschlag und wir müssen wieder von vorn anfangen. Beide Fälle wurden an einen katholischen Psychotherapeuten verwiesen, der dabei helfen kann, diese Wunden zu heilen.

Füttert man die Dämonen, dann werden sie nicht weggehen. Bei den Exorzismus-Sitzungen müssen wir das Problem ausfindig machen und alles beseitigen, von dem die Dämonen zehren. So werden sie ausgehungert. Schließlich werden sie so schwach, dass sie die betreffende Person verlassen.

Ich nehme an, das gilt für jedes menschliche Leben. Vielleicht wäre es das Beste, sich einen Moment Zeit zu nehmen und darüber nachzudenken. Tragen auch wir Wunden in uns, die den Bösen mit Nahrung versorgen? Möge Jesus uns allen Heilung schenken!

Tagebuch eines Exorzisten 77

Die Hölle als Gottes Gnade?

Ich bin immer wieder erstaunt, wie sehr die Dämonen während eines Exorzismus leiden. Nach 15 oder 20 Minuten fängt auch der zäheste der Dämonen zu schreien an. Man besprengt sie mit etwas Weihwasser, hält das Kruzifix hoch oder beginnt das Gebet nach dem Exorzismus-Rituale – und sie heulen los. Die Schmerzen sind so intensiv, dass sie auf der Stelle sterben würden, wenn sie sterblich wären.

Einige Exorzisten sind der Ansicht, dass die Schmerzen, die Dämonen bei einem Exorzismus erleiden, heftiger sind, als die Höllenqualen. Für eine kurze Zeit bleiben sie standhaft, aber schließlich halten sie es nicht mehr aus und verschwinden. Oft frage ich mich: »Wenn die Dämonen den Anblick eines Holzkreuzes oder ein paar Tropfen geweihten Wassers nicht aushalten können, was würde eine direkte Schau Gottes für sie bedeuten?« Es wäre ein schreckliches und unvorstellbares Leiden.

Papst Leo der Große sagte etwas Ähnliches über die verdammten Seelen: »Denn das unreine Auge wäre nicht in der Lage, in das Strahlen des wahren Lichtes zu blicken, und was für die, die reinen Sinnes sind, Glückseligkeit bedeutet, wäre eine Qual für die, die besudelt sind.«[43] Für die gefallenen Seelen – wie auch für die

43 Predigt 95, 8–9; PL 54, 465–466.

Dämonen – würde der Anblick Gottes im Himmel und der Umgang mit heiligen Dingen unerträgliches Leiden mit sich bringen.

Die Hölle ist eine entsetzliche Realität. Ich persönlich halte die schauderhaften Visionen für wahr, die Mystiker wie die heilige Katharina von Siena, die Kinder von Fatima und die heilige Faustyna hatten. Und doch ginge ihre Qual wahrscheinlich über das Ertragbare hinaus, wenn die gefallenen Engel und die verdammten Seelen der unendlichen Heiligkeit Gottes ausgesetzt würden.

Das unterstreicht, in welch schrecklichem Ausmaß die Seele durch die Sünde zerstört wird. Die Heiligkeit wird zur Qual. Vielleicht ist sogar die Existenz der Hölle noch eine weitere Gnade des Allmächtigen.

Theologische Betrachtung

Werden viele gerettet?

Die katholische Kirche hat sich nie auf die Frage eingelassen, wie viele Seelen gerettet werden. Man geht allgemein davon aus, dass ein Drittel der Engel abgefallen ist. Dies wird durch die Auslegung einer Stelle in der Offenbarung 12,3–4 gestützt: »Ein Drache, groß und feuerrot [...]. Sein Schwanz fegte ein Drittel der Sterne vom Himmel und warf sie auf die Erde herab.«

Den deutlichsten Hinweis darauf, wie viele menschliche Seelen gerettet werden, finden wir im Matthäusevangelium 7,13–14: »Weit ist das Tor und breit der Weg, der ins Verderben führt, und es sind viele, die auf ihm gehen. Wie eng ist das Tor und wie schmal der Weg, der zum Leben führt, und es sind wenige, die ihn finden.«

Diesen Gedanken greift der heilige Thomas von Aquin auf, wenn er schreibt: »Da die ewige Glückseligkeit, die so, wie sie ist, darin besteht, dass man Gott schaut, weit über den allgemeinen, natürlichen Zustand des Menschen hinausgeht, vor allem insoweit, als dieser durch die Ursünde der Gnade beraubt wurde, werden die, die gerettet werden, in der Minderheit sein.«[44]

Auch das Lukasevangelium sagt: »Wem viel gegeben wurde, von dem wird viel zurückgefordert werden, und wem man viel anvertraut hat, von dem wird man umso mehr verlangen.« Bischöfe und Priester sollten darin eine eindeutige

44 Summa theologica, I, q. 23, art. 8.

Warnung sehen. Leider ist es realistisch anzunehmen, dass mehr als nur ein paar Bischöfe und Priester in der Hölle sind (siehe Tagebuch-Eintrag Nr. 70).

Zweifelsohne bereitet die Anwesenheit dieser gesalbten Seelen in der Hölle Satan ein besonderes sadistisches Vergnügen, weil sie sakramental Christus gleichgestaltet sind. Somit sieht Satan in ihren Höllenqualen wahrscheinlich eine Möglichkeit, sich an Jesus Christus zu rächen, der sein Reich zerstört hat. Ihre Verdammnis wird er wohl nach Kräften nutzen, um Anstoß zu erregen bei den Gläubigen.

Tagebuch eines Exorzisten 78

Der Vorgeschmack der Hölle

Bei einer jungen Frau und ihrer Familie versuchten wir herauszufinden, ob sie besessen war. Sie hatte sich über einen längeren Zeitraum oberflächlich mit okkulten Praktiken beschäftigt und fing nun an, einen echten Widerwillen gegen alles zu entwickeln, was mit Gott zu tun hat.

Als sie das erste Mal zu uns kam, war sie zornig, aufgewühlt und trotzig. Sie redete eine Menge negatives Zeug über Gott daher und sagte, dass Satan stärker sei als Jesus. Kein vernünftiges Argument konnte sie umstimmen. Schließlich begannen wir, über ihr zu beten. Am Ende der langen Sitzung hatte sie sich in eine ruhige, freundliche Seele verwandelt, die uns ihre Dankbarkeit ausdrückte. Sie hatte ihren Frieden gefunden.

Die wütende, aufsässige Haltung gegenüber Gott, die sie anfänglich gezeigt hatte, war eindeutig ein Zeichen dafür, dass sie von Dämonen besessen war. Die Tatsache, dass all die Lügen Satans nur so aus ihr heraussprudelten, deutete darauf hin, dass sie unter der »Dämonenlogik« litt (siehe Tagebuch-Eintrag Nr. 26). Als die Präsenz der Dämonen durch den Exorzismus geschwächt wurde, setzte auch ihr Denken wieder ein und sie redete wie eine vernünftige, liebenswürdige Person.

Es gibt viele Anzeichen, die darauf hindeuten, dass ein Mensch besessen ist. Ein Zeichen sind dämonische Charakterzüge, ein

Vorgeschmack der Hölle, insbesondere wenn sie im Verlauf des Exorzismus in der Person sichtbar werden Was wir immer wieder wahrnehmen bei einer solchen Manifestation, sind eine bissige Arroganz, ein wutverzerrter Blick und eine narzisstische Selbstbezogenheit.

Wir lesen in dem Buch »Der Dialog«, dass der Herr der heiligen Katharina von Siena sagte, dass derjenige, der sich für Gott entschieden hat, bereits während seines Lebens einen Vorgeschmack des Himmels bekommt, währenddessen derjenige, der Satan gewählt hat, einen Vorgeschmack der Hölle erfährt.[45] Ein Vorgeschmack von Himmel und Hölle beginnt sich bereits hier auf der Erde zu zeigen, je nachdem, wie wir unser Leben gestalten und welche Entscheidungen wir treffen.

Je mehr Raum Satan in unserem Leben einnimmt, desto zorniger, einsamer, egoistischer und ungehorsamer werden wir, desto häufiger fühlen wir uns als Opfer und machen Gott und alle anderen dafür verantwortlich. Satan verspricht seinen Anhängern ein großartiges Leben, doch wie all seine Versprechungen ist auch das eine Lüge. In diesem Leben stürzt er die Seelen ins Unglück und im nächsten Leben bereitet er ihnen Qualen, die jeder Beschreibung spotten.

Je mehr wir Gott und Jesus unser Leben bestimmen lassen, desto tiefer wird unser Verständnis für das, was uns als Glück und Frieden verheißen ist. Mehr und mehr wird das Herz des Gläubigen mit Dankbarkeit erfüllt. Ich für meinen Teil werde immer mehr in meinem Glauben bestärkt, wenn ich die schrecklichen Auswirkungen der Sünde und des Bösen bereits in diesem Leben erkenne im Gegensatz zur Freude, die nur Gott geben kann.

---

45 The Dialogue of Saint Catherine of Siena, chap. 54, Katherina von Siena, Der Dialog, Kleinhain 2017.

Jeden Abend, wenn ich zu Bett gehe, danke ich Gott dafür, dass er in meinem Leben gegenwärtig ist. Es ist unser Dienst, den Seelen zu helfen, damit sie durch den heiligen Namen Jesu zu Gottes Frieden zurückzukehren können. Wenn ich zu Bett gehe, danke ich Gott auch für diesen schönen Dienst.

Tagebuch eines Exorzisten 79

Satans Zorn nimmt zu

Satans Zorn ist unverwechselbar. Es gibt mehrere Anzeichen, die üblicherweise darauf hinweisen, dass ein Mensch besessen ist: das Verstehen oder Sprechen unbekannter Sprachen, eine tiefe Abneigung gegen alles Heilige, okkultes Wissen und übermenschliche Kräfte. Dem würde ich noch ein weiteres Merkmal hinzufügen: eine unmenschliche Wut im Blick des Betreffenden. Wenn man dies im Gesicht eines Besessenen zum ersten Mal sieht, raubt es einem den Atem.

Wenn ich heute den Zustand unseres Landes betrachte, sehe ich die gleiche Glut satanischer Raserei. Und sie breitet sich aus. Überall stößt man auf Hass, Bitterkeit, Gewalt und Rachsucht. Die Leute können nicht mehr wie zivilisierte Menschen miteinander reden. Verleumdungen und pauschales Herumkritisieren sind heute die Norm. Überall kann man Wut und Hass feststellen. Satans Wut breitet sich aus.

Es gibt nur ein Gegenmittel: Jesus hat gesagt: »Liebt eure Feinde« (Mt 5,44). Martin Luther King jr. meinte: »Hass kann Hass nicht vertreiben, nur Liebe kann das.« Nur die Liebe, nur Gott kann Satan und seinen Hass beseitigen.

Liebe deine Feinde (siehe Theologische Betrachtung zu Tagebuch-Eintrag Nr. 80). Liebe sowohl die Demokraten als auch die Republikaner. Liebe die Reichen und liebe die Armen. Liebe alle

Menschen jeglicher Hautfarbe. Liebe jene, die Terroranschläge begehen, und liebe die Polizei. Liebe die Missbrauchstäter und die Kriminellen. Wo die Liebe ist, da ist Gott.

Wir haben nur noch wenig Zeit. Das Feuer wütet. Wir brauchen die Liebe, um es zu löschen.

Tagebuch eines Exorzisten 80

Kann Satan lieben?

Während einer Exorzismus-Sitzung sagte ich zu den Dämonen: »Im Namen Jesu Christi befehle ich euch, mir die Wahrheit zu sagen. Liebt Satan euch? Sagt die Wahrheit!« Durch die zusammengebissenen Zähne des Besessenen kam zögerlich die Antwort: »Nein.« Ich setzte nach: »Sagt mir die Wahrheit – liebt Jesus euch?« Erneut erfolgte die Antwort nur widerstrebend: »Ja.« Ich antwortete daraufhin: »Ihr habt eine miese Wahl getroffen, nicht wahr?« Stille.

Es gehört zu einem Exorzismus, dass man die Dämonen zwingt, die Wahrheit zu sagen, und das ist eine große Qual für sie. Jede Sünde wird zunächst abgestritten oder gerechtfertigt. Für die Dämonen ist das Eingeständnis, gesündigt zu haben und die Konsequenzen tragen zu müssen, die »reine Hölle« und beschleunigt ihren Rückzug.

Jesus liebt die Dämonen immer noch, obwohl er ihre böswilligen Entscheidungen und ihr übles Verhalten ablehnt. Als gerechter Richter bestraft Gott sie für ihre Übeltaten. Doch Gott hört nie auf zu lieben. Gott kann nicht hassen. Der Hass ist das Werk Satans. Gott ist strahlende, unendliche und verwandelnde Liebe.

Auch wir sollen alle Menschen lieben, unsere »Feinde« eingeschlossen. Tatsächlich hat ein Christ keine Feinde. Ich hasse die Dämonen nicht. Wenn das der Fall wäre, könnte ich sie nie mehr austreiben, weil ich mich dann auf einer Ebene mit ihnen bewegen würde. Sie tun mir leid wegen der schrecklichen Wahl, die sie getroffen haben und für die sie eine Ewigkeit lang bezahlen werden.

Ich bete nicht für sie oder versuche, sie zu bekehren. Das wäre nutzlos. Aber ich liebe sie wegen der Schönheit, die ihnen einst als Geschöpfen Gottes zu eigen war und die auf die eine oder andere Art noch vorhanden ist.

»Ich aber sage euch: Liebt eure Feinde und betet für die, die euch verfolgen, damit ihr Kinder eures Vaters im Himmel werdet; denn er lässt seine Sonne aufgehen über Bösen und Guten und er lässt regnen über Gerechte und Ungerechte. [...] Seid also vollkommen, wie euer himmlischer Vater vollkommen ist!« (Mt 5,44–45.48).

Theologische Betrachtung

Liebe ist kein wohliges, warmes Gefühl

Es ist schwer für die Menschen, Jesu Befehl, die Feinde zu lieben, nachzuvollziehen. Doch das Beispiel des Gekreuzigten sollte ein Ansporn für uns sein. Jesus liebte auch jene, die ihn zum Tode verurteilt hatten. Er hat sein Leben für alle Menschen dahingegeben einschließlich jener, die ihn getötet haben.

Das heißt aber noch lange nicht, dass Jesus ein »warmherziges Gefühl« gegenüber denjenigen hegte, die Böses taten. Zuweilen ärgerte er sich über diejenigen, die ihn zurückwiesen. In der Schrift steht, dass er sie »voll Zorn und Trauer über ihr verstocktes Herz« ansah (Mk 3,5). Des Weiteren war er voll gerechten Zorns, als er sah, wie die Leute den Tempel Gottes entweihten. Er machte sich aus Seilen eine Peitsche, trieb sie hinaus und stieß die Tische der Geldwechsler um (vgl. Mt 21,12).

Wie bereits erwähnt, bedeutet »lieben« und »vergeben« nicht zwangsläufig, dass wir allen Menschen warmherzige Gefühle entgegenbringen müssen. Im Taufversprechen widersagen wir Satan, dem Urheber des Bösen, und all seinen Taten. Manchmal kann uns auch ein gerechter Zorn überkommen angesichts seiner Taten und all jener, die Böses verüben.

Andere jedoch zu verfluchen, im eigenen Herzen Hass zu nähren und anderen Böses zu wünschen – all das kommt von Satan. Wenn wir uns darauf einlassen, erfüllen wir nicht Gottes Plan, sondern befördern Satans Absichten. Gott ist unendliche Liebe und Barmherzigkeit. Veranlasst uns die Liebe zu unseren Feinden, auch zu den Dämonen, das Böse in unser Leben einzulassen? Nein, überhaupt nicht! Es sind vielmehr die Wut, der Hass und die Unversöhnlichkeit, die dem Dämonischen als Einfallstor dienen.

Vor einiger Zeit habe ich meinen Zorn auf die Dämonen buchstäblich losgelassen. Ich hasse sie nicht mehr. Das Loslassen des Hasses und des Richtens, auch gegenüber den Dämonen, bringt eine große innere Freiheit und einen tiefen Frieden mit sich.

Ich habe Mitleid mit den Verdammten und all jenen, die Gott zurückweisen. Sie werden unendliche Qualen erleiden – nicht weil das Gottes Wille wäre, sondern weil sie selbst diese sündhafte Wahl getroffen haben. Denn Gott »will, dass alle Menschen gerettet werden und zur Erkenntnis der Wahrheit gelangen« (1 Tim 2,4).

Tagebuch eines Exorzisten 81

Die Stimmen der Dämonen in deinen Gedanken

Vor Kurzem ist mir aufgefallen, dass Satan unsere psychischen Schwächen ausnutzt, insbesondere bei dämonischer Umsessenheit. Meisterhaft spürt er unsere Ängste auf, unseren Wunsch, Kontrolle auszuüben, Mängel in unserem Selbstwertgefühl oder unser vergebliches Bestreben, von anderen geachtet zu werden. Und wenn diese unzulänglichen Emotionen an die Oberfläche kommen, dann nutzt er diese aus und verstärkt sie.

Dämonische Umsessenheit ist oft erkennbar an ihrer ungewöhnlichen Macht und an der kräftezehrenden Intensität. Was normalerweise eine typisch menschliche Sorge wäre, löst hier eine wilde, unkontrollierbare Panik aus. Was sich normalerweise als eine typisch menschliche Regung eines schlechten Selbstwertgefühls zeigt, verwandelt sich in den Gedanken des Betroffenen in eine kreischende Stimme bitterer Selbstvorwürfe und der Selbstverurteilung.

Eine dämonische Umsessenheit unterscheidet sich von der üblicheren psychischen Labilität dadurch, dass die Attacke mit ganzer Macht und unvermittelt auftritt. Sie ist vergleichbar mit einem orkanartigen Sturm, der plötzlich das Gehirn überwältigt.

Wenn die betreffende Person bereits besessen ist, dann können sich die Dämonen an dieser menschlichen Labilität nähren. Es wird dann schwieriger, sie auszutreiben. Deshalb nehmen wir als Ergänzung zu unseren spirituellen Heilmitteln in einem solchen Fall die Hilfe eines christlichen Psychotherapeuten oder eines christlichen Arztes in Anspruch. Erfährt die betroffene Person dann eine tiefe innere Heilung ihrer seelischen Wunden, dann verlieren die Dämonen langsam ihre Macht.

Wir alle haben hier und da Schwachstellen in unserer Psyche. Das sind die Folgen der Erbsünde. Wenn wir eine starke innere Heilung erfahren, wird die Stimme Satans in unseren Köpfen immer schwächer. Stattdessen können wir die schöne Stimme Gottes und seiner heiligen Engel vernehmen.

Tagebuch eines Exorzisten 82

Mit einem Fluch belegte Gegenstände

Eine Frau hat mir ausdrücklich erlaubt, ihre Geschichte zu erzählen. Sie und ihre Familie waren die bemitleidenswerten Opfer von Voodoo-Flüchen. In der Folge musste die Familie vieles erdulden, obwohl alle beharrlich gebetet haben.

Neulich fand man vor ihrem Bürogebäude eine etwa 60 Zentimeter große Puppe. Die Sicherheitskameras hatten einen großen Mann aufgenommen, der gegen vier Uhr morgens vor dem Gebäude herumrannte und die Puppe ablegte. Sie nehmen an, dass es sich um eine mit einem Fluch belegte Voodoo-Puppe gehandelt hat.

Als am nächsten Morgen die Türen aufgeschlossen wurden, stieß einer der Büroangestellten die Puppe mit dem Fuß auf die Straße. Als er jedoch zutrat, fühlte es sich an, als ob er in einen Sack voller Felsbrocken treten würde, und er verletzte dabei seinen Fuß. Am nächsten Tag wurde er sehr krank. Kurz darauf brach auch die Radachse seines Autos.

Jetzt haben sie zusätzlich zur ärztlichen Behandlung einen Priester gebeten, über ihm zu beten. Die Art, wie sie die Puppe entsorgt haben, war unglücklicherweise nicht die richtige.[46]

---

46 Ratschläge, wie man Objekte, die mit einem Fluch beladen wurden, entsorgt, findet man in der App »Catholic Exorcism« unter »Disposing of Cursed Objects«. Ebenfalls unter www.catholicexorcism.org.

Wir empfehlen, solche Gegenstände nicht mit bloßen Händen zu berühren. Manche Leute werden daraufhin krank. In der Regel können Laien diese Objekte beseitigen. Sie sollten die mit einem Fluch belegten Gegenstände mit Weihwasser besprengen und Gott bitten, jede Art von Fluch aufzuheben. Dann sollten sie sich ihrer entledigen, indem sie sie verbrennen, vergraben oder in einem Gewässer versenken. Dabei ist es wichtig, dass man sie so zerstört, dass sie danach nicht mehr zu erkennen sind. In diesem Moment sind alle Flüche beseitigt und die Dämonen, die anhingen, verlassen den Gegenstand.

Leider gibt es auch Gegenstände, die mit besonders gefährlichen Flüchen belegt und mit anderen Flüchen verbunden sind. Wenn jemand versucht, einen solchen Gegenstand zu vernichten, dann trifft diese Person selbst eine Art »Rachefluch«. Mein Team und ich haben das erlebt, als ein Laie einen besonders stark mit Flüchen belegten Gegenstand auf korrekte Weise entsorgen wollte. Danach war ein 45-minütiges Gebet mit einem Exorzisten nötig, um die damit verbundenen Dämonen wieder auszutreiben. Es ist also besser, wenn in einem solchen Fall ein Priester solche besonders stark mit Flüchen belegten Gegenstände zerstört, weil er kraft seines Amtes unter einem besonderen Schutz steht.

Gegenstände können wirklich verflucht sein. Dass sie eine solch üble Wirkung entfalten können, liegt daran, dass derjenige, der sie verflucht hat, die Macht des Teufels angerufen hat, ob bewusst oder unbewusst. Warum Gott das zulässt, wissen wir nicht. Mein Team und ich wissen jedoch, dass es das gibt, weil wir in der Realität schon mehrmals darauf gestoßen sind.

Tagebuch eines Exorzisten 83

Flüche haben reale Auswirkungen!

Wie viele Amerikaner hatte auch ich mir noch kaum Gedanken über Flüche gemacht, als ich vor Jahren meinen Dienst begann. Sie schienen mir Überreste heidnischen Aberglaubens zu sein. Pater Gabriele Amorth sagte allerdings, dass 90 Prozent der Fälle von Besessenheit, die ihm begegnet sind, die Folge von Flüchen waren.[47]

Einige Zeit später fuhr ich mit dem Zug durch die Vororte Roms. Ich war unterwegs nach Tre Fontane, einem Trappistenkloster, das an der Stelle errichtet wurde, an der man Paulus enthauptet hatte.[48] Gleich gegenüber liegt der Ort, an dem im Jahr 1947 von einer Marienerscheinung, »Muttergottes der Offenbarung«, berichtet wird.[49] Das Ganze ist eine schöne eintägige Pilgerfahrt von Rom aus.

Während ich im Zug saß, kam ein junger Mann auf mich zu, der geistig gestört zu sein schien, und bat mich um Geld. Ich ging darauf ein, indem ich ihm ein paar Kekse anbot. (Auf solche Bitten reagiere ich üblicherweise, indem ich etwas Essbares anbiete.)

---

47 Getlen, »How an Exorcist Priest Came Face-to-Face with the Devil Himself«.

48 Vgl. »San Paolo alle Tre Fontane«, Churches of Rome Wiki, https://romanchurches.fandom.com/wiki/San_Paolo_alle_Tre_Fontane, https://de.wikipedia.org/wiki/San_Paolo_alle_Tre_Fontane.

49 »The Virgin of Revelation at Tre Fontane 10 Years Before!«, Missionaries of Divine Revelation, https://www.mdrevelation.org/the-virgin-of-revelation-at-tre-fontane-10-years-before/.

Er wurde wütend, starrte mich unangenehm lange an und ging dann weg. Zunächst dachte ich mir nichts dabei, doch plötzlich fühlte ich mich geistlich angegriffen. Es war, als ob ein orkanartiger Sturm in meinem Gehirn wütete und Chaos verursachte. »Wow«, dachte ich, »was ist das denn?« Es war eigenartig, überfallartig, kraftvoll und erdrückend.

Dann hatte ich die Eingebung: Der Mann hat mich mit einem Fluch belegt. Daraufhin legte ich meine priesterlichen Hände auf meinen Kopf und sprach ein Befreiungsgebet. Binnen weniger Sekunden hörte die Attacke vollständig auf und alles war wieder normal.

Gott greift auf solche Mittel zurück, um Exorzisten auf ihren Dienst vorzubereiten. Flüche sind real. Dieser Mann hatte nicht aus eigener Macht gehandelt. Vielmehr leiten Menschen, die verfluchen, ihre Macht von Satan ab, wissentlich oder unwissentlich. Traurigerweise handelte dieser Mann im Auftrag Satans.

Die Schrift lässt da keinen Zweifel: »Segnet eure Verfolger; segnet sie, verflucht sie nicht!« (Röm 12,14). Wir dürfen niemals andere Menschen verfluchen. So handelt nur der Teufel. Ich habe also für diesen Mann gebetet. Möge er die Freude und den Frieden erleben, die nur die Rettung durch Christus ihm bringen kann.

Theologische Betrachtung

Wie man Flüche bricht

Jesus Christus ist der Herr! Als Sohn Gottes, die zweite Person innerhalb der Heiligen Dreifaltigkeit, herrscht er über die gesamte Schöpfung, im Himmel, auf der Erde und in der Unterwelt. Mehr noch – in einem überwältigenden Akt der Liebe hat er sein Leben am Kreuz dahingegeben und Satans Reich zerstört. Deshalb hat er eine umfassende Autorität über Satan.

Diese Autorität verleiht Jesus auch seinen Aposteln und seiner Kirche. Demzufolge hat die Kirche die Vollmacht, Flüche aufzuheben. Der Priester handelt im Namen der Kirche (*in nomine ecclesiae*) und beruft sich in seinem Dienst auf diese Vollmacht. Wenn der Priester betet, dann betet die Kirche offiziell durch ihn.

Es gibt keine speziellen Riten oder Gebete der Kirche, um einen Fluch aufzuheben. Zu diesem Bereich des Befreiungsdienstes schweigt die Kirche. Die Gläubigen können somit an die Wirksamkeit derartiger Flüche glauben oder nicht. Für diejenigen jedoch, die daran glauben und davon befreit werden wollen, genügt oft ein einfaches Gebet, das sich auf die Kraft Christi beruft, um die Macht dieses Fluches zu brechen.

Jeder Mensch hat Autorität über seinen eigenen Körper und kann deshalb durch ein Gebet auch direkt darauf einwirken, dass ein Fluch gebrochen wird. Wenn es jedoch besonders schwierig ist, den Fluch zu brechen, dann sollte man einen Priester um Unterstützung bitten.

Manchmal wirken die Gebete, um einen Fluch aufzuheben, sofort, das haben mein Team und ich wiederholt erlebt. In anderen Fällen braucht es wiederholte Anstrengungen. Manchmal muss der Betroffene, der mit einem Fluch belegt ist, etwas mehr dazu beitragen. So suchen wir danach, falls unsere Gebete keine unmittelbare Wirkung zeigen, ob etwas die Aufhebung des Fluches blockiert oder etwas ihn an Ort und Stelle hält. Ein längerer Prozess der Reinigung und des Gebets kann erforderlich sein.

Tagebuch eines Exorzisten 84

Unsensible Exorzisten

Neulich hat eine Frau per E-Mail Kontakt mit mir aufgenommen und sich über das unsensible Verhalten ihres Exorzisten beklagt. Ich erschrak, als ich das las. Sie schrieb, dass der Exorzist ihr Weihwasser direkt ins Gesicht gekippt habe, was unglücklicherweise das posttraumatische Belastungssyndrom, unter dem sie bereits litt, neu befeuerte. Im Verlauf der Exorzismus-Sitzung gebot er dann Isebel auszufahren. Sie fügte hinzu: »Ich weiß nicht, ob er meint, mit diesem Verhalten die Dämonen treffen und bezwingen zu können, doch da ich es bin, deren Körper betroffen ist, aus dem er Isebel austreiben will, wirkt das auf mich sehr verletzend.«

Auch ich habe mich schon eines solchen gefühllosen Verhaltens schuldig gemacht – *mea culpa*. Wir Exorzisten sind tatsächlich nicht gerade bekannt für unsere freundliche pastorale Vorgehensweise. In unser aller Namen entschuldige ich mich bei ihr und allen anderen Betroffenen, mit denen wir zuweilen etwas grob und unsensibel umgegangen sind.

Ich nehme an, dass dies zu unserem Arbeitsgebiet passt. In all den Jahren, in denen ich als Exorzist tätig war, wurde mir schon wiederholt ins Gesicht gespuckt, bin ich niedergeschlagen worden, was zu einer Gehirnerschütterung führte, ein paarmal wurde ich bis zur Bewusstlosigkeit gewürgt (die Dämonen können stark zupacken), sie haben mich so heftig gebissen, dass man die Bissspuren sehen konnte, ich wurde unzählige Male wüst beschimpft, oft bedroht, geschlagen und getreten, meine Exorzismus-Handbücher wurden zerfetzt und immer wieder wurden geweihte Gegenstände durch den Raum geworfen. Und wenn eine Sitzung gut läuft, dann kreischt die besessene Person, richtet unkontrollierbare Verwüstungen an und erbricht eine Menge weißen Schaum.

Auch wenn ich in jede Exorzismus-Sitzung im Vertrauen auf Gott hineingehe und weiß, dass ich grundsätzlich unter seinem Schutz stehe, so ist es dennoch ein Kampf. Wir haben starke Helfer, die in der Lage sind, die Besessenen zurückzuhalten, doch unsere Methode ist nicht perfekt. Manchmal werden wir überrumpelt. Deshalb gehe ich mit Bedacht vor. Mein oberstes Ziel ist die Sicherheit aller Beteiligten. Doch manchmal vergesse ich, dass ich einen verletzten und verängstigten Menschen vor mir habe – *mea culpa*.

Mein Leitstern ist Pater Pio. Er kämpfte selbst gegen die Dämonen. Seine Verletzungen waren ein Beweis dafür. Er war schroff und man warf ihm vor, unsensibel zu sein. Er war bekannt dafür, dass er die, die ihm am nächsten standen, anschrie, besonders wenn sie gesündigt hatten oder eine Zurechtweisung notwendig war. Wenn im Himmel Platz für ihn ist, dann ist – so hoffe ich – auch Platz für eine Schar unvollkommener Exorzisten – *mea maxima culpa*!

In unser Ausbildungsprogramm für Exorzisten muss ein wichtiges Modul der Seelsorge und des pastoralen Einfühlungsvermögens eingefügt werden. Nicht zuletzt um der Frau willen, die so mutig war, mich auf dieses Problem anzusprechen, werden wir das mit Sicherheit in Zukunft berücksichtigen.

Tagebuch eines Exorzisten 85

Satans Lakaien

Seit mehr als einem Jahr wird ein Ehepaar nun von einer Frau belästigt, die Hexerei und andere okkulte Praktiken betreibt. Leider erhielt sie durch eine Indiskretion spirituellen Zugang zu ihrem Leben. Nun lässt die Hexe nicht mehr locker.

Tag für Tag schickt sie ihnen lange Textnachrichten. Dutzende Male haben die beiden ihre Handynummer geändert, doch sie findet die neue Nummer sofort heraus und bombardiert das Ehepaar weiter mit ihren Textnachrichten. Zwar blockieren sie immer, wenn eine Textnachricht eintrifft, die Nummer der Hexe, doch jedes Mal kommt sie sofort wieder durch, indem sie eine neue Nummer benutzt. Dies hat sich schon Hunderte Male wiederholt. Ihr okkultes Wissen und ihre Fähigkeiten haben keinen menschlichen Ursprung und entspringen eindeutig ihrer Verbindung mit den Dämonen.

Ein beträchtlicher Gebetssturm und das Brechen der okkulten Bindungen und Flüche konnte das Ehepaar noch nicht vom Einfluss dieser Frau befreien. Außerdem kann oder will ihnen auch die Polizei trotz wiederholter Bitten nicht helfen.

Diese Frau ist eine von Satans Lakaien, das heißt, sie hat sich ihm ausgeliefert und ist nun seine Erfüllungsgehilfin. Durch sie versucht Satan, das Ehepaar psychisch zu vernichten. Im Verlauf der letzten Monate hat er es völlig zermürbt.

Ein anderer Fall ist jener einer begnadeten, tiefgläubigen Frau, die durch ihr Leben und ihren Dienst so manchen Plan der Dämonen vereitelte, wie diese selbst zugaben. Einer der Diener Satans begann, sie zu belästigen und zu drangsalieren und sie dadurch zur Aufgabe ihrer frommen Lebensführung und ihres Dienstes zu bewegen. Auch dieser Lakai Satans verfügte über okkulte Kenntnisse und wusste viele persönliche Dinge aus dem Privatleben dieser Frau. Wochenlang wurde sie terrorisiert und bedroht. Schließlich gab der Diener Satans jedoch auf und zog sich zurück.

Es ist immer eine traurige Angelegenheit, wenn wir es mit Menschen zu tun bekommen, die sich in den Dienst des Bösen gestellt haben. In diesen beiden Fällen sieht es so aus, als ob Gott ihnen nicht erlaubt hätte, mehr zu unternehmen, als die Betreffenden zu bedrohen und zu schikanieren. Dennoch kann auch das eine verheerende Wirkung auf die Psyche der Betroffenen haben, wie der erste Fall zeigt.

Wird Satan seine menschlichen Handlanger für ihre Dienstbarkeit belohnen? Nein. Er wird sie vielmehr weiterhin benutzen und sich in diesem Leben aufzehren lassen. Wenn ihr Leben dann zu Ende ist, wird er sie in alle Ewigkeit zu seinem eigenen sadistischen Vergnügen quälen.

Unser Gebet gilt zuerst denen, auf die Satan es durch seine Gehilfen abgesehen hat. Sollten wir auch für diese Lakaien beten? Ich habe mich entschieden, es zu tun. Hier auf der Erde besteht für jeden die Möglichkeit der Erlösung. Aber ich habe wenig Hoffnung.

Tagebuch eines Exorzisten 86

Halloween wird schlimm

Ich fange an, mich geistlich auf den Halloween-Abend vorzubereiten. Keine Tüten mit Süßigkeiten. Keine Verkleidungen. Keine Kürbisse. Und wie jedes Jahr, so wird es auch diesmal wieder schlimm werden.

Viele unserer geistlich sensiblen Mitarbeiter werden von Dämonen schwer bedrängt werden. In einem Jahr hatte sich unser Team entschieden, während der ganzen Nacht über einer unserer besonders begnadeten Mitarbeiterinnen zu beten, um sie vor den Angriffen der Dämonen zu schützen, die sie Jahr für Jahr bei dieser Gelegenheit heimsuchen. Es hat nicht funktioniert. Die Frau musste trotzdem Schlimmes durchstehen. Dennoch drückte sie ihre Dankbarkeit für unsere Bemühungen aus.

Mehrere unserer Leute, die besonders sensibel sind, werden vermehrte dämonische Übergriffe erfahren. Viele von unseren Klienten, die von Dämonen besessen oder umsessen sind, werden während der ganzen Nacht sehr leiden. Auch die Priester, die als Exorzisten tätig sind, werden in der Regel mit dämonischen Heimsuchungen bombardiert und müssen innere Kämpfen ausfechten.

Im Verlauf eines Jahres gibt es Zeiten, in denen das Dämonische mehr Macht hat als im übrigen Jahr. Halloween steht hier ganz oben auf der Liste. Es ist die Verzerrung des großen Allerheiligenfestes, das am folgenden Tag gefeiert wird. Außerdem schließen sich dem auch Satans Lakaien in Menschengestalt an, die an diesem Abend Verfluchungen und Zauberformeln aussprechen und jede Menge Böses tun, was niemandem dienlich ist.

Ich wundere mich immer über Eltern, die ihre Kinder als Teufel und Hexen verkleiden. Haben sie eine Vorstellung von dem, was sie da tun? Mir sind die geistlichen Auswirkungen dieser Halloween-Gebräuche auf die Bevölkerung im Allgemeinen nicht bekannt. Für die Besessenen und die Exorzisten-Teams jedoch wird diese Nacht zu einer harten Prüfung. Unser kleines Team wird am Abend eucharistische Anbetung und eine Gebetswache halten. So erwarten wir in der Dämmerung den Beginn des Allerheiligenfestes.

Dann feiern wir all die Heiligen, die uns täglich umgeben und uns zu Hilfe kommen. Das helle göttliche Licht, das durch sie erstrahlt, vertreibt die Dunkelheit. Und dann kehrt auch wieder Frieden ein.

Theologische Betrachtung

Magie oder Gnade

Man nimmt an, dass die Sitte, furchterregende Gesichter in Kürbisse zu schneiden, ihren Ursprung in dem Irrglauben hat, dass man damit die bösen Geister abschreckt, die am Halloween-Abend die Welt durchstreifen. Ebenso gibt es Nazar-Augen-Amulette, die mit ihren großen Augen ihre Träger vor dem »bösen Blick« schützen sollen.

Natürlich ist das heidnischer Aberglaube, der im christlichen Glauben keinen Platz hat. Das kennzeichnet den Unterschied zwischen dem christlichen Verständnis der Gnade und dem heidnischen Aberglauben und der Magie.

Die Magie geht davon aus, dass ein Mensch, der ein besonderes magisches Ritual korrekt durchführt, die Macht der Geister heraufbeschwört. Zu diesem Zweck gibt es Bücher voller Zauberformeln und magischer Rituale. In gleicher Weise schreibt man den Nazar-Augen-Amuletten und anderen besonderen Symbolen übersinnliche Kräfte zu. Christen halten sich von all diesen Dingen fern. Wenn solche heidnischen Rituale irgendeine Wirkung hervorrufen, dann kommt das daher, dass man Satan angerufen hat, ob man sich klar darüber ist oder nicht.

Der Christ dagegen weiß, dass alle Kraft und Gnade von Gott kommt. Wenn wir die Symbole unseres Glaubens einsetzen, ob das nun Heiligenbilder oder Kruzifixe sind, dann ist uns bewusst, dass diesen Sakramentalien keinerlei eigene Kraft innewohnt. Durch ihren pietätvollen Gebrauch rufen wir vielmehr den Segen Gottes und seinen Schutz auf uns herab. Deshalb ist jeder Gebrauch von heidnischen, abergläubischen oder magischen Ritualen eine Beleidigung Gottes. Solche Praktiken sind ein Verstoß gegen das erste Gebot, das uns auffordert, sich zum einzig wahren Gott zu bekennen und ihn anzubeten.

Tagebuch eines Exorzisten 87

Der Fluch, der gebrochen wurde

Eine Frau, die guten Grund hatte anzunehmen, dass man sie verflucht hatte, wandte sich vor kurzer Zeit an mich. Wir haben über ihr gebetet und den Fluch gebrochen. Folgendes hat sie mir danach geschrieben:

»Jemand hat mich mit einem Fluch belegt, der zu einem echten Hindernis wurde, als ich eine Stelle suchte, auch auf meine privaten und beruflichen Beziehungen wirkte er sich sehr störend aus. Nachdem Sie bei unserer Begegnung Befreiungsgebete gesprochen hatten, habe ich eine ausgezeichnete Arbeitsstelle gefunden. Auch wenn sich die Entfremdung von meiner Familie nicht spürbar gebessert hat, so konnte ich doch meiner Mutter und einem meiner Brüder mit seinen Kindern einen Besuch abstatten. Eine Lösung des Problems habe ich insofern erreicht, als ich akzeptiere, dass diese gegenseitige Gleichgültigkeit in unserer Familie, die über die Generationen hinweg spürbar ist, nur durch Gebet behoben werden kann. Dass dies die Lösung ist, zeigt sich auch in dem Frieden, den ich fühle, wenn ich das akzeptiere.

Vor allem hat sich fast sofort nach unserem gemeinsamen Gebet die Blockade aufgelöst, die ich so lange gespürt habe. Dieser Prozess war eine unglaubliche Reise.

Ich möchte meine Geschichte gerne mit jenen teilen, die einen

Nutzen daraus ziehen können, wenn sie von meinen Schwierigkeiten, Hilfe zu finden, erfahren. Eine Ausbildung für den Befreiungsdienst gibt es in den meisten Diözesen nicht und es fehlt auch das Verständnis dafür. Auch in den meisten Pfarreien wird keine entsprechende Hilfe angeboten. Ich kann mir vorstellen, dass es Geistliche gibt, die von dem, was mir widerfahren ist, profitieren können.

Darum noch einmal – herzlichen Dank. Lob und Preis sei Gott, der es so gefügt hat, dass diese Prüfungen ein Ende fanden.«

Für mich und mein Team ist es eine Ermutigung, wenn wir derartige Bestätigungen erhalten. Es geschieht ziemlich oft. Soeben haben wir eine E-Mail erhalten, in der eine Frau schrieb: »Danke! Ihr alle habt mein Leben zum Guten verändert! Ich bin so dankbar!«

Diese Mitteilungen schärfen mein Bewusstsein für das, was Gott in seiner Güte für uns tut. Deshalb sind wir Jesus, unserem Herrn, von Herzen dankbar. In seinem heiligen Namen wurden die Flüche gebrochen.

Tagebuch eines Exorzisten 88

Unsere mächtigen Fürsprecher

Unsere kleine Kapelle birgt mehrere Dutzend Reliquien von verschiedenen Heiligen. Je nach Situation holen wir einige aus der Kapelle, um sie bei den Exorzismus-Sitzungen einzusetzen. Eines Tages hielt ich einmal eine kleine Kapsel in der Größe von etwa vier Zentimetern im Durchmesser – »Theca« genannt – in der Hand, die eine Reliquie des heiligen Petrus enthielt. Ich legte diese Theca dem Betroffenen auf die Schläfe, woraufhin er sichtbar zusammenzuckte.

Ich befahl ihm, uns zu sagen, um welchen Heiligen es sich handelte (dessen Identität in der Kapsel verborgen war), und er gab zur Antwort: »Petrus.« Dämonen verfügen eigentlich über keine telepathischen Fähigkeiten und doch wissen sie so manches, was für Menschen verborgen bleibt. Es war klar, dass diese Reliquie die Dämonen in heftige Bedrängnis brachte.

Eine andere beliebte Heilige ist die junge italienische Mystikerin Gemma Galgani. Wir rufen sie während der Exorzismus-Sitzung häufig zu Hilfe. Mehrfach haben mir Betroffene berichtet, dass sie eine besondere heilende Gnade verspürten, wenn wir sie angerufen haben. Ähnliches haben wir auch über Pater Pio und andere heilige Fürsprecher gehört.

Eine der großen Gnaden, die wir in unserem Dienst erhalten, ist die persönliche Erfahrung, dass die Wahrheit im katholischen

Glauben zu finden ist. In diesen Sitzungen erleben wir unmittelbar die mächtige Gemeinschaft der Heiligen. Diese heiligen Männer und Frauen sind an unserer Seite und unterstützen uns in unserem Leben und in unserem Dienst und sie helfen uns auch bei der Austreibung der Dämonen.

Der heilige Bernhard schrieb: »Denke ich an sie, dann brennt ein verzehrendes Feuer der Sehnsucht in mir [...]. Wir sehnen uns nach unserer Heimat im Himmel und bei den Seelen der Heiligen unsere Wohnstatt zu haben.« Mögen auch wir uns danach sehnen, einst zu den Heiligen gezählt zu werden und eines Tages bei ihnen zu sein.

Theologische Betrachtung

Die Reliquien der Heiligen

Schon in der frühen Kirche verehrte man die sterblichen Überreste der Märtyrer und Heiligen. Über ihren Grabstätten errichtete man Altäre, an denen Messen gelesen wurden. Vielleicht am bekanntesten ist der Petersdom im Vatikan, der über dem Grab des heiligen Petrus errichtet wurde. In der Neuzeit werden in den fest stehenden Altären Altarsteine eingelassen, die einen Reliquienbehälter mit einer Reliquie eines Heiligen bergen.

Auch der Körper eines Heiligen wird als heilig angesehen und es ist ein Segen für einen Ort, der ihn sein Eigen nennen kann. So hat zum Beispiel Venedig lange Zeit großen Wert darauf gelegt, die sterblichen Überreste des heiligen Markus zu besitzen, die im 9. Jahrhundert von frommen Kaufleuten aus Alexandria mitgebracht und schließlich im Markusdom in einem Schrein verwahrt wurden. Der Besitz dieser Reliquien bedeutet besonderen Schutz und Segen für die Stadt, die dadurch einen mächtigen Heiligen als Fürsprecher gewonnen hat.

Heute bewahrt man Heiligenreliquien in Form von Knochensplittern, Tropfen getrockneten Blutes oder Haaren in kleinen versiegelten Behältnissen auf. Wie im vorangegangenen Tagebuch-Eintrag beschrieben, werden sie gewöhnlich in einer sogenannten »Theca« aufbewahrt, die in der Regel im Durchmesser bis zu vier Zentimeter groß ist, manchmal auch etwas größer. Diese kann in ein größeres Reliquiar gelegt werden, in dem sie dann ausgestellt wird.

Diese kleinen Teile vom Körper eines Heiligen nennt man Reliquien erster Klasse. Reliquien zweiter Klasse dagegen sind Bestandteile der Kleidung eines Heiligen oder Gebrauchsgegenstände, die der Heilige benutzt hat. Reliquien dritter Klasse nennt man die Dinge, mit denen der Körper des Heiligen berührt wurde oder die mit einer Reliquie erster Klasse in Berührung kamen.

Indem Menschen diese Reliquien berührt und die Fürsprache der Heiligen angerufen haben, sind durch die Jahrhunderte hindurch viele Heilungen und Wunder geschehen. Heiligenreliquien gelten als Sakramentalien und werden üblicherweise auch bei Exorzismus-Sitzungen eingesetzt.

Tagebuch eines Exorzisten 89

Die Dämonen der Zwietracht

Als ich vor einiger Zeit mein Abendgebet sprach, überfiel mich plötzlich ein starkes Gefühl der Unzufriedenheit mit einigen Mitarbeitern unseres Teams. Dies stand in keinem Verhältnis zu dem, was in letzter Zeit geschehen war. Und es machte überhaupt keinen Sinn. Warum war ich so verärgert über – eigentlich nichts? Dieses Gefühl hielt einige Zeit an.

Dann kam mir in den Sinn: Ah, dahinter stecken die Dämonen der Zwietracht! Die Dämonen schüren mit Vorliebe Konflikte und verursachen Zerwürfnisse. Also wiederholte ich eine Viertelstunde lang immer wieder das Befreiungsgebet: *Causa discordiae, vade! Causa discordiae, vade!* (»Dämonen der Zwietracht, weicht!«). Ebenso abrupt, wie sie gekommen waren, verschwanden die finsteren Gedanken und ein Gefühl des inneren Gleichgewichts kehrte zurück. Dies bestätigte meine Vermutung einer dämonischen Beeinflussung.

Am nächsten Tag tauschte ich mich mit zwei anderen Mitgliedern unseres Teams aus und sie bestätigten, dass auch sie etwa zur gleichen Zeit von einem unerklärlichen, unnatürlichen Gefühl der Zwietracht erfasst worden waren. Satan fährt damit fort, unser Team auf verschiedene Weise anzugreifen, vor allem wenn wir es mit einem besonders schweren Fall zu tun haben. Eines der ersten Zeichen einer dämonischen Beeinflussung ist Uneinigkeit untereinander. Wir begegnen dem mit Gebeten und einem Gespräch der Team-Mitglieder. Das ist das beste Gegenmittel gegen dämonisch verursachte Disharmonie: Gebete und Meinungsaustausch.

Wir sind geübt darin, die Einflussnahme Satans zu erkennen und dagegenzuhalten. Ich bin überzeugt, dass auch viele, viele Familien, Gemeinschaften und Organisationen Zielscheibe dieser starken, von Dämonen verursachten Meinungsverschiedenheiten sind. Aber sie werden vermutlich nicht merken, wer die Ursache dafür ist, und deshalb Streit und Zwietracht erliegen.

Ich zweifle auch nicht daran, dass sich diese Dämonen der Zwietracht zurzeit in unserem ganzen Land ausbreiten. Aber auch hier hilft das gleiche Gegenmittel: Gebet und offener Meinungsaustausch. Es ist eindeutig, dass unser Befreiungsteam unter Gottes Schutz steht, da wir in der Bemühung fortfahren, unser Bestes zu geben, um seinen Willen zu erfüllen. Wenn Familien, Gemeinschaften und ganze Nationen sich Gott anvertrauen und seinen Willen tun und auf Konflikte mit Gebet und Gesprächen reagieren, dann werden sie auch beschützt sein.

Tagebuch eines Exorzisten 90

»Und dann brach die Hölle los« – buchstäblich!

Wir erhielten einen verzweifelten Anruf eines Mannes aus Indiana, der Baptist war, seinen Glauben aber nicht praktizierte. Seine Frau war nicht gläubig. Sie hatten zwei Kinder. Kurz zuvor hatten sie das Haus, in dem sie lebten, von Verwandten geerbt. Der Mann, der zuvor in dem Haus gewohnt hatte, war bekannt dafür, Minderjährige sexuell missbraucht zu haben und in okkulte Praktiken verstrickt gewesen zu sein. Er war im April verstorben und die besagte Familie war im Juni eingezogen. Kurz nachdem sie eingezogen waren, brach buchstäblich die Hölle los.

Die Familienmitglieder sahen immer wieder dunkle, schattenhafte Gestalten. An bestimmten Orten des Hauses gab es regelrechte Temperaturstürze, bei denen es von zwanzig Grad plus hinunter auf fünf Grad minus gehen konnte. Ihr Hund fing mitunter an, grundlos zu bellen. Die Kinder berichteten von einer Stimme, die aus dem Keller kam und nach ihnen rief.

Oft hörten sie seltsame Geräusche. Nachts spürte der Vater eine »Präsenz«, die auf seine Brust drückte und ihn niederhielt. Er konnte sich nicht bewegen und kaum noch atmen. Als das geschah, gebot er mit lauter Stimme: »Im Namen Jesu, lasst mich in Ruhe!« Er wiederholte dies dreimal, bis es aufhörte.

Außerdem hörte die Familie lautes Klopfen im Haus, eine Stimme sagte »Hallo« und sie hörten, wie jemand pfiff. Sie erlebten auch etwas, das sich anhörte, als ob jemand ein Stockwerk höher so heftig herumspringen würde, dass sich Gegenstände im Zimmer hin und her bewegten. Die Tochter spürte, wie etwas ihr Bein berührte, und sie sah dabei eine schemenhafte Gestalt. Küchenschubladen schlossen sich mit einem Ruck von selbst. Sie hörten auch Schritte von jemandem, der im Haus herumging. Die Ehefrau verspürte einen eiskalten Luftzug unter der Dusche und hatte das Gefühl, dort nicht allein zu sein. Alles zusammen wirkte, als seien sie in einen Horrorfilm geraten.

Der erste Priester, mit dem sie Kontakt aufnahmen, schien skeptisch zu sein. Er fragte, ob sie Mäuse hätten. Das empörte sie natürlich und sie meinten später mir gegenüber: »All diese Dinge sind sehr real, überaus beängstigend und absolut scheußlich. Ich habe den Eindruck, dass nur einer, der das, was uns widerfährt, auch erlebt hat, verstehen wird, was wir durchmachen und wie das alles unser ganzes Leben beeinträchtigt.« Die ganze Familie litt schwer unter diesem Terror. Nachts schliefen alle gemeinsam im elterlichen Schlafzimmer.

Die Familie nahm Kontakt mit uns auf. Nach einer einleitenden Untersuchung wurde uns klar, dass es sich dabei um einen Notfall handelte, der die Familie zerstören und die seelische Gesundheit jedes einzelnen Mitglieds ruinieren konnte. Deshalb nahm ich sofort Kontakt zu dem katholischen Priester auf, der die benachbarte Pfarrgemeinde betreute. Er meinte, dass er am nächsten Tag seinen Urlaub antreten würde. Als ich ihm aber die Situation schilderte, verschob er seinen Urlaub und führte noch am gleichen Abend einen Exorzismus in dem besagten Haus durch. Gott segne ihn dafür!

Ein paar Tage später rief ich den Vater an. Ich fragte: »Wie stehen die Dinge?« Er antwortete: »Ich würde sagen, die Lage hat sich verbessert, da sie vorher wirklich schlimm war. Die Geräusche von Schritten, das Türschlagen und das Klopfen hören wir immer noch, doch ist es nicht mehr so schlimm.«

Nachdem der Priester aus seinem Urlaub zurückgekehrt war, bat ich ihn, im Haus ein zweites Mal einen Exorzismus durchzuführen, was dann auch geschah. Das alles ist jetzt ein Jahr her, und seitdem ist es im Haus ruhig geblieben. Die Heimsuchung durch Dämonen hat offensichtlich ein Ende gefunden.

Ohne Zweifel war das Haus von Dämonen besetzt worden. Es gab auch einen Grund für ihre Anwesenheit: Der vorherige Besitzer hatte sich an jungen Menschen vergangen und okkulte Praktiken betrieben – und das sind zwei hauptsächliche Einfallstore für Dämonen. Die neuen Eigentümer waren geistig gesunde Leute. Die Frau glaubte nicht an übersinnliche Phänomene (bis sie in dem Haus geschahen). Die Symptome, von denen sie berichteten, waren klassische Zeichen einer Heimsuchung durch Dämonen. Und die Mitglieder der Familie waren so eingeschüchtert, dass sie gemeinsam in einem Zimmer schliefen.

Glücklicherweise gab es gleich in der Nachbarschaft diesen hilfsbereiten Priester, der ihnen beistand. Genauso glücklich fügte es sich, dass nur zwei Exozismen nötig waren. Bei einem schwereren Befall durch Dämonen können sehr viel mehr nötig sein.

Es überrascht mich nicht, dass diese Familie nun beim Gottesdienst sonntags in der ersten Reihe ihrer Kirche sitzt. Der Vater erzählte mir: »Wir haben heute eine sehr gute Verbindung zum Priester und zu den anderen Gemeindegliedern. Wir haben Gott für seinen Segen gedankt, den er uns erwiesen hat, und werden es weiterhin tun.«

Theologische Betrachtung

Bei einer dämonischen Notlage – ruf einen Priester!

Vor Kurzem wandten sich mehrere Nichtkatholiken, darunter auch Juden und Muslime, an unser Team und baten um Hilfe. Wir helfen gerne und denken in einer Notsituation nicht daran, die Betroffenen dazu zu bewegen, den katholischen Glauben anzunehmen. Vielmehr respektieren wir ihre religiösen Überzeugungen.

Dennoch frage ich mich: Warum kommen sie zu uns? Sie sagen, es sei allgemein bekannt, dass man sich an einen katholischen Priester wenden muss, wenn man ein Problem mit Dämonen hat.

Paradoxerweise erhalten die meisten Priester keine Schulung für den Befreiungsdienst. Dieses Thema wird fast überall in den Priesterseminaren ausgeklammert. Und dennoch wissen viele Leute, dass man einen Priester aufsuchen sollte, wenn man von Dämonen geplagt wird.

Der Grund dafür liegt auf der Hand. In Lk 9,1 lesen wir: »Dann rief er die Zwölf zu sich und gab ihnen Kraft und Vollmacht über alle Dämonen.« Jeder Christ kann aufgrund seiner Taufe den heiligen Namen Jesu anrufen und Gott bitten, dass die Dämonen ausgetrieben werden, doch nur den zwölf Aposteln hat Jesus die Vollmacht verliehen, das selbst zu tun. Diese Autorität wurde in einer ununterbrochenen Kette an die Bischöfe und Priester unserer Tage weitergegeben.

Wir respektieren die religiösen Überzeugungen der Leute, die zu uns kommen. Aber wäre es nicht besser, wenn sie den spirituellen Reichtum der katholischen Kirche etwas genauer betrachten würden? Sobald ein Priester beginnt, die alten Gebete der Kirche in Gegenwart der Dämonen zu sprechen, beginnen sie, in großer Qual aufzuschreien. Sie hassen uns, denn wenn wir beten, dann ist es Christus selbst, der in seiner Kirche betet. »Und die Pforten der Unterwelt werden sie nicht überwältigen« (Mt 16,18).

Es kann sein, dass Gott die Betroffenen gerade durch solche intensiven und eindringlichen Begegnungen zu einer persönlichen Beziehung mit Jesus ruft und vielleicht auch in die Kirche, die er selbst gegründet hat.

Tagebuch eines Exorzisten 91

Die Frau, die der Schlange das Haupt zertritt

»Lucy« ist besessen und wird Nacht für Nacht von Dämonen gepeinigt. Sie verhöhnen sie, hinterlassen auf ihrem Körper Kratzer und Brandwunden, behaupten, dass sie ihnen gehört, und verdrehen ihr verletztes Bein, was ihr extreme Schmerzen bereitet. Dämonen sind unbarmherzig und unerbittlich.

Nach mehreren intensiven Exorzismus-Sitzungen begannen die Kräfte der Dämonen zu schwinden. Irgendwann hatte ich den Eindruck, dass sie schwach genug seien, um durch Jesu Macht gezwungen zu werden, ihre Namen preiszugeben. Wenn wir ihre Namen kennen, verschafft uns das zusätzliche Vollmacht, sie auszutreiben, und deutet darauf hin, dass der Augenblick ihres Abzugs nicht mehr lang auf sich warten lässt.

Also wiederholte ich immer wieder: *Dicas mihi nomen tuum* (»Sag mir deinen Namen«). Dieser Satz stammt aus dem traditionellen Exorzismus-Rituale. Der Dämon leistete heftigen Widerstand. Schließlich verriet er widerwillig seinen Namen: Abyzou.

Ich habe meine Bücher zurate gezogen. In mehreren Quellen befinden sich übereinstimmende Erklärungen: Abyzou (oder auch Abizou, Obizu, Obizuth, Obyzouth und Byzou geschrieben) ist der Name eines »weiblichen« Dämons im Nahen Osten, dem vorgeworfen wird, für Fehlgeburten und Kindersterblichkeit verantwortlich zu sein.[50]

Das machte Sinn, denn Lucy hatte eine Abtreibung vornehmen lassen. Sie hatte dies später aufrichtig bereut, beichtete dies und war auch danach noch sehr zerknirscht. Obwohl jegliche Sünden durch das Sakrament vergeben werden, bedeutet das nicht, dass auch die Dämonen, die damit in Verbindung stehen, ohne Weiteres ausgetrieben werden. Oft bedarf es noch einer Zeit der Reinigung. Angesichts der Schwere der Sünde und des dadurch hervorgerufenen tragischen Todes des Kindes war ein zäher Kampf notwendig, um diesen Dämon auszutreiben.

Abyzou verhöhnte Lucy, weil sie abgetrieben hatte. Der Dämon flüsterte ihr ein, dass ihr dies niemals vergeben würde. Er zielte auf ihre tief sitzenden Schuldgefühle ab und versuchte, sie in die Dunkelheit der Hoffnungslosigkeit und Verzweiflung hineinzuziehen. Dieses Vorgehen ist typisch für Dämonen. Sie versuchen nicht nur, zur Sünde zu verführen, sondern wenn man die Sünde begangen hat, verhöhnen und überschütten sie den Betreffenden mit Vorwürfen, weil er die Sünde begangen hat. Wir versicherten Lucy, dass ihre Sünde wahrhaftig vergeben wurde und beteten für ihr Baby. Lucy wird vermutlich eine seelsorgerliche Postabortion-Betreuung benötigen oder sie sollte sich einer Postabortion-Heilungsgruppe anschließen.

Mitten in der Exorzismus-Sitzung hatte einer der Exorzisten die Eingebung, das Gnadenbild Unserer Lieben Frau von Guadalupe hochzuhalten. Prompt reagierte der Dämon mit wilden Zuckungen. Also riefen wir mehrfach Unsere Liebe Frau unter diesem

---

50 Dämonen verfügen über keinen physischen Körper oder ein Geschlecht, deshalb kann man im eigentlichen Sinne auch nicht von »männlich« oder »weiblich« sprechen.

Namen an. Immer, wenn wir das Gnadenbild hochhielten, wurde der Dämon von heftigen Krämpfen geschüttelt.

Die Wirkung dieses heiligen Bildes war kein Zufall. Das Bild Unserer Lieben Frau von Guadalupe zeigt Maria als schwangere Frau und unter diesem Titel ruft man sie oft um Hilfe für ungeborene Kinder an. Außerdem ist unter ihren Füßen das Symbol des Mondes und der Dunkelheit zu sehen, ein Bezug auf den Teufel. Juan Diego, auf dessen Umhang das Bild erschien, nannte sie in seiner Sprache, der Sprache der Ureinwohner: *Te Coatlazopeuh* – »Sie, die der Schlange das Haupt zertritt«.

Die Abtreibung ist eine schwere Sünde. Doch Lucy und die anderen Frauen sollten wissen, dass es eine göttliche Quelle der Heilung und des Friedens gibt. In Unserer Lieben Frau von Guadalupe haben wir eine wunderbare Fürsprecherin, die Abyzou unter ihren Füßen zertritt und Gottes Heilung bringt.

Unsere Liebe Frau von Guadalupe, mystische Rose, bitte für uns.

Tagebuch eines Exorzisten 92

Satans Strategie

Ich erinnere mich, dass ich einem anderen Exorzisten gegenüber einmal erwähnt habe, dass ich als Psychologe eine gewisse Nähe zu denjenigen verspüre, die unter psychischen Problemen leiden. Ungefähr zehn Tage nach diesem Gespräch kam eine junge Frau zu uns und bat um einen Exorzismus. Sie erklärte uns, dass sie psychisch krank sei. Ihre attraktive Erscheinung unterstrich sie, indem sie sich ausgesprochen aufreizend kleidete. Durch eine plötzliche Eingebung (wahrscheinlich von meinem Schutzengel) wurde mir Satans List klar. Ich dachte: »Netter Versuch, Luzifer.« Ich schlug ihr vor, weiterhin mit ihrem Psychologen zusammenzuarbeiten.

Es kommt leider vor, dass Exorzisten – auch einige weithin bekannte – aufgrund ihres Dienstes ihr Priesteramt niedergelegt haben. Vor Kurzem wurde ich nach dem Grund dafür gefragt. In zwei Fällen hatten die Exorzisten sexuelle Beziehungen aufgenommen zu denen, die sich mit der Bitte um Hilfe an sie gewandt hatten.

Mit jedem Fall von Besessenheit verfolgt der Teufel zwei vorrangige Ziele. Das zweite besteht darin, dass er die betroffene Person daran hindern will, Befreiung zu finden. Er wird mit allen Mitteln darum kämpfen, dass das nicht geschieht. Doch sein erstes Ziel ist es, die priesterliche Berufung und den Dienst des Befreiungsteams zu zerstören. Und das würde dann nicht nur diesen bestimmten Exorzismus betreffen, sondern schließlich den ganzen Dienst zum Erliegen bringen.

Satan wird versuchen, das Team zu spalten, indem er einzelne Teammitglieder gegeneinander aufbringt. Er wird in ihre Köpfe eindringen und ihnen dämonische Zwangsvorstellungen, Selbstzweifel, Schuldgefühle und gegenseitige Beschuldigungen einflößen. Und er wird die Exorzisten selbst in Versuchung führen.

Aus diesem Grund treffen wir umfangreiche Schutzmaßnahmen. Um Konflikten und Spaltungen vorzubeugen, pflegen unsere Teammitglieder eine ehrliche und offene Kommunikation untereinander. Vor jeder Sitzung setzen wir kraftvoll bindende sowie schützende Gebete ein. Außerdem gehen wir nur nach streng festgelegten Regeln vor: Bei jeder Exorzismus-Sitzung befinden sich mehrere Personen im Raum und es muss eine weitere weibliche Person anwesend sein, wenn die betroffene Person eine Frau ist.

Es ist auch hilfreich, wenn als leitender Exorzist ein älterer Priester zugegen ist – etwa jemand wie ich, denn ich bin über siebzig! Das ist keine Aufgabe für einen neu geweihten Priester, es sei denn, er arbeitet unter direkter Supervision. Satan ist schlau und er kennt unsere Schwächen. Es ist eine Herangehensweise als Team nötig, um die Sicherheit jedes Einzelnen zu gewährleisten, und es hilft, unsere Schutzengel immer bei uns zu wissen.

Tagebuch eines Exorzisten 93

Die Dämonen der Verzweiflung

Als »Gary« das erste Mal zu einer Exorzismus-Sitzung zu uns kam, umgab ihn eine derartig dichte Atmosphäre der Verzweiflung, dass man meinte, sie mit Messern schneiden zu können. Sie war richtig spürbar. Er hatte immer schon mit Anflügen von Hoffnungslosigkeit zu kämpfen gehabt, diesmal war sie jedoch unglaublich stark ausgeprägt. Ein Gedanke ging mir durch den Kopf: »Versuche nicht, ihn mit langen Reden herauszuholen, bete ihn heraus.« Also begannen wir mit einer intensiven Exorzismus-Sitzung. Nach dieser Sitzung war die Verzweiflung verschwunden und Gary hatte seinen Seelenfrieden wiedergefunden.

Als Psychologe bin ich natürlich immer bemüht, meine Klienten mit ihren Gefühlen und ihrem inneren »Selbst« in Berührung zu bringen. Gelingt das nicht und werden die Gefühle weiterhin unterdrückt, dann suchen sie sich an anderer Stelle ein Ventil und kommen zum Beispiel in Form von Alkoholmissbrauch, Drogen-, Sex- und Pornosucht oder anderen schlechten Verhaltensmustern zum Vorschein. Das gilt vor allem für das, was man gemeinhin »negative« Emotionen nennt, also Ärger, Verletzungen, Hass und düstere Gefühle wie Verzweiflung. Wir müssen als Menschen lernen, mit diesen schwierigen Stimmungen umzugehen.

An diesem Punkt muss ich meinen Gedankengang allerdings etwas korrigieren. Das meiste von dem, was ich geschrieben habe, ist korrekt. Es gibt allerdings Fälle, in denen die Emotionen keines psychischen, sondern teuflischen Ursprung haben. Noch wahrscheinlicher ist es, dass ein Mensch lediglich *einige* ungute Gefühle empfindet, die dann von Satan benutzt und *verstärkt* werden, bis sie sich zu einer Krise entwickeln.

Nur das ergibt einen Sinn. Wenn Dämonen einen Menschen bedrängen, infizieren sie ihn mit ihrem bösen Geist. Sie sind vollkommen durchdrungen von ihrem Narzissmus, von Angst, Paranoia, Wut und – ja – auch Verzweiflung. Aus gutem Grund steht in Dantes »Inferno« folgender Spruch über dem Eingang zur Hölle: »Ihr, die ihr hier eintretet, lasst alle Hoffnung fahren.« Da sie Gott ein für alle Mal abgelehnt haben, haben die Dämonen und die Verdammten die wahre Quelle aller Hoffnung zurückgewiesen.

Es geschehen viele Dinge im Verlauf eines Exorzismus und die Umwandlung von Verzweiflung in Hoffnung ist ein Teil davon. Oft habe ich das Licht der Hoffnung, die von Gott kommt, wieder im Gesicht eines Betroffenen aufleuchten sehen, der zuvor tief im Sumpf dämonischer Verzweiflung steckte.

Wenn Menschen mit dunklen Gefühlen zu kämpfen haben, benötigen sie oft einen Psychologen. Es kann aber auch Situationen geben, in denen nur ein Exorzist helfen kann.

Tagebuch eines Exorzisten 94

Im geistlichen Kampf verwundet

Es war eine außergewöhnlich üble Sitzung. Nach monatelangen Exorzismus-Sitzungen hatte ich endlich den Namen des Anführers der Dämonen herausbekommen. Ich ging ganz nah auf den Besessenen zu, blieb ungefähr einen halben Meter vor ihm stehen und blickte dem Dämon starr in die Augen. Die Dämonen hatten sich nun vollkommen manifestiert. Nun benutzte ich den Namen ihres Anführers und befahl ihnen, in Jesu Namen auszufahren.

Sie rührten sich nicht von der Stelle.

Diese Dämonen waren noch nicht schwach genug, um ausgetrieben zu werden, und sie hatten noch viel Kampfgeist. Mit ihren rauen Stimmen verspotteten und verhöhnten sie mich. Ich konnte das Böse geradezu fühlen und hören. Ihr Verhalten war widerlich und unflätig. Ich bemühte mich, nicht mehr hinzuhören.

Ich versuchte, dies nicht in einen persönlichen Kampf ausarten zu lassen, und begab mich bewusst unter Jesu Schutz, indem ich alles ausdrücklich in seinem Namen tat. Er ist der eigentliche Exorzist. Allerdings fiel es mir nicht gerade leicht, Dämonen gegenüberzustehen, die sich keinen halben Meter vor mir voller Zorn zeigten. Sie nahmen das alles sehr persönlich, so wie man es von ihnen gewohnt ist, und konzentrierten ihren brodelnden Zorn ganz auf mich.

Schließlich war es Zeit, die Sitzung zu beenden. Die Mitglieder meines Teams und auch die besessene Person waren alle müde. Zusammen sprachen wir ein Dankgebet. Während ich zu Beginn der Sitzung vertrauensvoll um Gottes Schutz gebetet hatte, sprach ich zum Ende der Sitzung nun das vollständige Befreiungsgebet.

Als alles vorbei war, hatte ich jedoch das Gefühl, dass irgendetwas nicht in Ordnung war. Ich versuchte, mich zu entspannen, nahm mein Abendessen ein und wandte mich anderen Themen zu, doch nichts half. Ich versuchte, es auszuhalten, doch auch nach einer Stunde hatte sich nichts verändert. Ich fühlte mich irgendwie blockiert.

Schließlich konnte ich die Empfindungen identifizieren. Es war, als hätte man mir mit einer vergifteten Klinge einen Stich versetzt. Ich war im geistlichen Kampf verwundet worden. Das Gift war in mich eingedrungen und es sah so aus, also ob ich es selbst nicht besiegen könnte. Es hatte meinen ganzen Organismus infiziert.

Offenbar hatten es die Dämonen irgendwie geschafft, den üblichen Schutz zu durchbrechen und mich mit ihrem Gift zu verseuchen. Vielleicht war ich ihnen zu nahe gekommen. Wie dem auch sei, in mir wirkte ein Gift, das nicht von dieser Welt war.

Es gab nur eine Lösung. Ich ging in die Kapelle und rief die Gottesmutter um Hilfe an. Es schien, als ob sie mich mit ihrem gütigen Blick anschaute und mich sanft tadelte, weil ich so lange gebraucht hatte, um mich an sie zu wenden. Sie machte das Gift schnell unschädlich. Es ging mir wieder gut, doch ich musste mich danach etwas ausruhen.

Wie die Dämonen das geschafft hatten, ist mir nicht klar. Es erinnert mich an die Bemerkung unseres Ausbilders beim Militär. Als er uns beibrachte, wie man im Nahkampf ein Messer einsetzt, gab er uns folgende Warnung mit auf den Weg: »Bei einer Messerstecherei muss man auf Schnittwunden gefasst sein.«

Im Nahkampf mit Dämonen muss ich damit rechnen, gelegentlich »verletzt« zu werden. Aber ich habe meine Lektion gelernt. Beim nächsten Mal wird mich mein erster Weg in die Kapelle zu Unserer Lieben Frau mit ihrer heilenden Berührung führen.

Tagebuch eines Exorzisten 95

»Sie wird kommen«

Jasons Besessenheit (siehe Tagebuch-Eintrag Nr. 71) war einer der kompliziertesten Fälle, mit dem wir es jemals zu tun hatten – vielleicht der schwerste, mit dem ein Exorzist überhaupt konfrontiert werden kann. Hunderte Dämonen bedrängten ihn, die alle von Satan selbst geführt wurden. Je problematischer eine Sache aber ist, desto mächtiger wirkt die Gnade, die Gott schenkt. Bei diesem Fall – das wurde mir schnell klar – würden wir allerdings Gottes allermächtigsten Segen brauchen.

Nach zahllosen üblen und qualvollen Exorzismus-Sitzungen kam so langsam ein Ende in Sicht. Die Dämonen wurden schwächer und sie mussten sich unseren Anordnungen mehr beugen – sehr zu ihrem Verdruss. Ich befahl ihnen im Namen Jesu, uns Folgendes zu sagen: »Wann und unter welcher Voraussetzung werdet ihr ihn verlassen?« Widerwillig gaben sie mit ihrer Antwort ein Datum von zwei Wochen ab jetzt bekannt und verbanden das mit dem Hinweis: »Sie wird kommen.«

Jeder der Anwesenden wusste, wer damit gemeint war. Die Dämonen sprechen den Namen der Muttergottes nicht aus. Ihr Name wie auch der ihres Sohnes ist heilig.

Und schließlich kam der Tag und der Augenblick näher. Es wurde still im Raum und Jason sagte: »Sie ist hier.« Während sich die selige Jungfrau Maria ruhig näherte, gebärdeten sich die Dämonen immer wilder. Sie sagte nichts, doch das strahlende Licht Christi, das durch diese demütige Magd Gottes hindurchschien, war überwältigend.

Satan fing an zu schreien. Nach einigem Heulen und wildem Umsichschlagen verschwand der Fürst der Dunkelheit. Es war vorbei.

Nun bitte ich alle Besessenen, sich der Muttergottes als Teil des Heilungsprozesses zu weihen. Wir bitten Maria nicht nur, die Dämonen auszutreiben, sondern auch darum, die betroffenen Personen für den Rest ihres Lebens zu beschützen, bis sie sie im Reich Gottes willkommen heißen kann.

Die Tore der Hölle werden weder die Kirche noch ihre Mutter überwältigen.

Theologische Betrachtung

Der Glaube, der bestätigt wird

Eine der größten Gnaden, die mit dem Befreiungsdienst verbunden ist, liegt darin, die Wahrheit unseres Glaubens direkt zu erkennen und bestätigt zu sehen. In gewisser Weise wird während des Exorzismus direkt oder indirekt bestätigt, was uns der Glaube lehrt.

Zunächst ist die *göttliche Ordnung* klar erkennbar. Es gibt den einen Gott, den die Dämonen hassen. Satan ist mächtig und doch nur eine Kreatur, die an einer kurzen Leine gehalten wird. Es gibt gute Engel, die uns beistehen, und böse Engel, die darauf aus sind, Kontrolle über uns auszuüben und uns zu zerstören. Die selige Jungfrau Maria ist unsere mächtigste Fürsprecherin. Diese grundlegenden Wahrheiten bestimmen die Marschroute jeder einzelnen Exorzismus-Sitzung.

Die Gemeinschaft der Heiligen? Wir erleben regelmäßig die Macht der Heiligen und erfahren ihre direkte Hilfe. Die Autorität der Kirche? Sobald ich mich auf die Schlüssel des heiligen Petrus berufe, geht ein Schaudern durch die Dämonen. Die Bedeutung der Sakramente? Der erste Schritt im Heilungsprozess ist die Beichte. Außerdem bereitet es der besessenen Person oft große Probleme, die Messe zu besuchen, die Eucharistie zu empfangen oder eucharistische Anbetung zu halten – die Dämonen hassen das! Ihre starke Aversion gegen die Eucharistie ist ein Beleg für die Realpräsenz Christi.

Das Weiheamt? Die Anwesenheit eines Priesters ist ein Albtraum für jeden Dämon. Sie hassen uns und die Kraft

Christi, in der wir handeln. Die Sakramentalien? Der Ritus des Exorzismus gehört zu den machtvollen Sakramentalien und wir benutzen dabei regelmäßig Kruzifixe, Weihwasser, exorziertes Öl, Heiligenreliquien und andere heilige Gegenstände. Und immer wieder erleben wir, welche Auswirkungen diese Mittel der göttlichen Heiligkeit auf die Dämonen haben.

Die Dämonen streben danach, alles zu zerstören, was Gott eingesetzt hat. Und doch müssen auch sie durch ihre Existenz und ihre Taten Gott die Ehre geben und dazu beitragen, dass sein heiliger Wille erfüllt wird. So wird zum Beispiel unser Glaube durch ihr Vorgehen in diesen Fällen bestätigt und verstärkt, anstatt zerstört zu werden. Dasselbe ist auch bei vielen der Besessenen und deren Familien festzustellen.

Ich danke Gott für diesen Dienst und für seine mächtigen Gnaden, die dadurch wirken.

Abschließende Bemerkungen

Ich hoffe, dass diese Tagebuch-Einträge einen Einblick in den Dienst der Befreiung und in die täglichen Erfahrungen eines Exorzisten vermitteln konnten.

Ich habe nicht übertrieben. Ich habe nichts aufgebauscht. Ich behaupte nicht, dass meine Überlegungen als *de fide* zu bewerten sind. Ich nehme keine besondere Autorität für mich in Anspruch. Vielmehr beziehe ich mich in allem auf die Lehre der katholischen Kirche, die die Botschaft Jesu Christi vermittelt. Es sind nur meine Erfahrungen und meine Einschätzungen, die ich wiedergebe, die durchaus Irrtümern in Wahrnehmung und Interpretation unterliegen können.

Zweifellos werden einige Exorzisten bei dem einen oder anderen Punkt anderer Meinung sein. Damit habe ich kein Problem. Ich gehe davon aus, dass es zu gewissen Punkten unterschiedliche Auffassungen gibt. Im Austausch mit anderen Exorzisten merke ich allerdings, dass wir überraschenderweise sehr ähnliche Erfahrungen machen. Das ist für uns eine Bestätigung dieser spirituellen Realitäten.

Allzu lange wurde dieser Dienst entweder als alte Mär, Aberglauben oder als Überbleibsel vorwissenschaftlichen Denkens abgetan. Die moderne Wissenschaft ist wichtig, doch sie ist nicht geeignet, tiefere geistliche Wahrheiten zu ergründen.

Es gab mehr als nur ein paar Betroffene, denen weder durch die medizinische noch die psychologische Wissenschaft geholfen werden konnte, während die Gebete der Kirche ihr Problem relativ rasch einer Lösung zuführten. In den meisten Fällen aber greifen meiner Meinung nach psychologische Therapien und unser spiritueller Dienst gut ineinander und ergänzen sich. Oft sehe ich die Notwendigkeit, auf beiden Ebenen zu arbeiten, um eine gute Lösung zu finden, die das Leiden der betreffenden Person beendet.

Es hat mich in letzter Zeit etwas überrascht, Stimmen zu hören, die behaupten, dass der Exorzismus kein fester Bestandteil der Lehre Jesu sei und damit auch kein Dienst der Kirche von heute sein könne. Abzustreiten, dass es Satan überhaupt gibt und dass er in das Leben der Menschen direkt eingreift, heißt, die Heilige Schrift zu einem theologisch irrigen Anachronismus herabzustufen. Wenn man bereit ist, sich der Tatsache der Existenz des Bösen zu stellen, dann muss man sich auch den strengen und beunruhigenden Wahrheiten der unverkürzten Lehre Jesu stellen.

Stand Jesus in der Wüste wirklich dem Teufel gegenüber? Hat er es wirklich so gemeint, als er sagte, dass in der Hölle bis in alle Ewigkeit »Heulen und Zähneknirschen« (Mt 13,42) herrschen wird? Es ist interessant, wie manche Leute ein Leben lang in der Bibel lesen und dabei einige der schrecklichen Wahrheiten einfach leugnen können. Es ist, als ob ihr Geist sich daran gewöhnt hätte, diese ebenso wichtigen wie abstoßenden Tatsachen auszublenden.

Vielleicht sind die Überlegungen in diesem Tagebuch manchmal beunruhigend. Aber vielleicht erfüllen sie damit auch einen Zweck. Das Evangelium sollte nicht als so angenehm empfunden werden, dass wir ganz entspannt damit umgehen können.

So kann ich zum Beispiel nicht begreifen, was es heißt, die Ewigkeit in der Hölle zuzubringen, doch Jesus sagt, dass das für manche Realität sein wird. Genauso macht mir die Vorstellung Probleme, dass es Geistwesen gibt, die sich ganz und gar dem Bösen verschrieben haben, und doch existieren Satan und seine Dämonen. Wenn ich mich mit ihnen im selben Raum befinde und ihnen gegenüberstehe, dann wird ihre heftige und mörderische Boshaftigkeit plötzlich ganz real und verstörend. Dem Bösen ins Auge zu sehen, ist immer aufwühlend.

Es ist aber meine feste Hoffnung, dass Sie die Gedanken dieses Tagebuchs in demselben Geist aufnehmen, der auch unser Mitarbeiterteam beseelt. Wir sind eine fröhliche Gruppe. Wir genießen unsere gemeinsamen Mahlzeiten, wir lachen viel miteinander und wir teilen die tiefe Freude an unserem geistlichen Leben und an unserem reich gesegneten Dienst.

Wenn wir einen Tag hinter uns haben, der geprägt war von der Begegnung mit dem Bösen, von ununterbrochenen Angriffen der Dämonen und vom Mitfühlen mit den Seelen, die sich unserer Hilfe anvertraut haben, dann können wir vollkommen beruhigt sein, weil wir wissen, dass das Böse in Christus endgültig besiegt wurde. Wenn der Tag zu Ende geht, besprenge ich mein Zimmer mit Weihwasser, stelle mich unter den Schutz der seligen Jungfrau Maria und schlafe tief und fest in den Armen unser aller Mutter.